促进中小企业发展的财政政策研究

张 行 著

中国财经出版传媒集团
中国财政经济出版社

图书在版编目（CIP）数据

促进中小企业发展的财政政策研究／张行著.—北京：中国财政经济出版社，2018.10

ISBN 978-7-5095-8426-2

Ⅰ.①促… Ⅱ.①张… Ⅲ.①中小企业-财政政策-研究-中国 Ⅳ.①F812.0

中国版本图书馆 CIP 数据核字（2018）第 176171 号

责任编辑：卢元孝　　　　　责任印制：刘春年
封面设计：孙俪铭　　　　　责任校对：张　凡

中国财政经济出版社 出版

URL：http://www.cfeph.cn
E-mail：cfeph@cfeph.cn
（版权所有　翻印必究）
社址：北京市海淀区阜成路甲 28 号　邮政编码：100142
营销中心电话：88190406　北京财经书店电话：64033436　84041336
北京财经印刷厂印装　各地新华书店经销
710×1000 毫米　16 开　11.5 印张　200 000 字
2018 年 10 月第 1 版　2018 年 10 月北京第 1 次印刷
定价：68.00 元
ISBN 978-7-5095-8426-2
（图书出现印装问题，本社负责调换）
本社质量投诉电话：010-88190744
打击盗版举报热线：010-88191661、QQ：2242791300

前　言

中小企业是国民经济中一个重要的组成部分，在我国及世界其他国家的经济发展中均起着战略性的作用。各国经济学家普遍认为，中小企业将是21世纪经济发展的主要推进力量。我国作为世界上最大的发展中国家，中小企业的地位和作用更加突出和重要。截至目前，我国中小企业占全国企业总数的99%以上，中小企业对我国GDP总量的贡献超过60%，对税收的贡献超过50%，提供了75%以上的城乡就业机会。大力发展中小企业对于增强我国经济增长活力、拓宽就业渠道、保持社会和谐稳定以及建设创新型国家，具有十分重要的战略意义。

然而，从世界经济发展过程来看，很多国家的中小企业在增长中都暴露出一些深层次的问题，突出的是技术水平落后，劳动生产率低，市场竞争力较弱，融资渠道不畅等，这些问题给中小企业持续发展带来不同程度的障碍。鉴于中小企业面临的现实环境，自20世纪90年代以来，无论发达国家还是发展中国家都在积极扶持中小企业的发展。各国政府官员、经济学家和管理学者都将其提升到战略高度给予重视，各国政府均采取一系列财政等支持政策，促进本国中小企业的成长和发展。

当前，在我国中小企业成长与发展的过程中，由于其处于市场经济弱势地位，总体状况与国民经济运行态势基本一致，但下行压力更大一些，企业负担重、生产经营困难的问题比较突出，如果不能得到遏制，国民经济"稳增长"和"调结构"等目标的实现势必会受到影响。

财政政策作为政府扶持和引导中小企业发展的经济政策，是实现我国中小企业健康稳定发展的重要保障。当前，如何运用财税手段促进我国中小企业的良性发展，已成为目前理论界研究的重要课题。

  本书力图从财政政策支持中小企业的新视角，研究如何促进我国中小企业发展，提出调整中小企业标准界定等建议，并进一步分析财政政策手段对中小企业健康发展的促进作用。在借鉴国外先进经验的基础上，结合我国具体国情，提出了构建和完善支持我国中小企业发展的财政政策总体框架，为完善我国现行中小企业财政政策提供了理论指导，并且使得这些政策建议具有一定的实践参考价值。

作者
2018 年 2 月

目　录

第1章	绪论	1
1.1	研究背景	1
1.2	选题的目的和意义	2
1.3	研究内容、思路和方法	5

第2章	相关理论基础	8
2.1	中小企业概念的界定	8
2.2	技术创新和生产力理论	15
2.3	供给侧结构性改革理论	17
2.4	制度经济学理论	20
2.5	公共财政理论	25

第3章	我国中小企业发展概况	28
3.1	当前我国中小企业发展的基本情况	28
3.2	支持中小企业发展的税收政策现状	35
3.3	新旧中小企业促进法税收政策内容的对比及分析	38
3.4	支持中小企业发展的金融政策现状	40

第4章	目前我国中小企业发展存在的问题	42
4.1	支持中小企业发展的扶持力度有待加强	42
4.2	中小企业在享受财税优惠政策上存在的问题	43
4.3	现行中小企业税收征管存在的问题	47
4.4	中小企业融资难仍旧是制约发展的瓶颈	49

4.5 其他制约中小企业发展的问题 ……………………………… 50

第5章 财政支持中小企业发展的必要性 ……………………… 54
5.1 中小企业发展过程中存在市场失灵 …………………………… 54
5.2 发挥财政促进经济稳定发展职能 ……………………………… 57

第6章 国外支持中小企业发展的经验借鉴 …………………… 59
6.1 国外支持中小企业发展的财政支出政策 ……………………… 59
6.2 国外支持中小企业发展的税收政策 …………………………… 62
6.3 国外解决中小企业融资渠道的主要做法 ……………………… 76
6.4 各国财政在支持中小企业发展中的作用 ……………………… 80
6.5 国外支持中小企业发展的主要启示 …………………………… 81

第7章 促进中小企业发展的有效路径 ………………………… 85
7.1 支持中小企业发展的财政支出政策 …………………………… 85
7.2 支持中小企业发展的税收政策 ………………………………… 93
7.3 支持中小企业发展的金融政策 ………………………………… 105
7.4 其他配套的政策与措施 ………………………………………… 108

附录 ……………………………………………………………… 114
附录1 上海市浦东新区国家"小微企业创业
创新基地城市示范"实施方案 ………………………… 114
附录2 国内出台减税新政策情况 ………………………………… 150
附录3 学术成果展示 ……………………………………………… 167

参考文献 ………………………………………………………… 169

第 1 章

绪　　论

1.1　研究背景

随着全球经济复苏，中小企业的作用在各国都日益重要，不论是发达国家还是发展中国家都越来越重视对中小企业的扶持。中小企业具有经营灵活、门槛较低、起步容易和生命力顽强等特点，其在国民经济中的优化资源配置、提供就业岗位、促进创新等方面作用日益加强，成为我国经济发展不可或缺的重要力量。结合国外一些国家来看，不论是发达国家还是发展中国家，其中小企业都具有一定的规模，如美国、日本、印度等国家，中小企业总数一般占据全国企业总数的九成以上，达到97%～99.7%，在就业人口方面，中小企业为社会提供就业机会超过一半，达到55%～78%，而中小企业所创造的价值，可以占到全国GDP总量的一半以上。从欧盟来看，作为一个区域性经济集团，欧盟在世界经济中的地位举足轻重。中小企业为欧盟的发展发挥着至关重要的作用，简单地从一些数字来看，截至目前，欧盟共有企业约1900万户，其中从业人员少于250人的中小企业约1892.4万户，占总数的99.6%，其提供的产值占比超过欧盟总产值的一半，达到55%。

但是，就目前的情况来看，中小企业在世界范围内的发展都存在或多或少的问题，突出的问题如下：一是资金相对薄弱，融资困难；二是人才匮乏；三是技术水平相对落后；四是生产率有待提升。也正是因为这些问题，中小企业在市场竞争中常常处于劣势，并且面临着破产等窘境，这与其在各国国民经济中发挥的作用明显不符。因此，解决中小企业可持续发展这一问题，不论是政府要员还是企业管理者甚至是专家学者都已经将其提升到战略高度给予重视。

自改革开放以来，我国市场经济体制逐步完善，政府也开始重视中小企业的长期发展。特别是在实行了《中小企业促进法》之后，迎来了中小企业发展的春天，同时把促进中小企业发展提升到了稳定社会发展、推动国民经济发展这一高度，便于政府部门统筹安排，全局谋划。目前，一系列扶持政策的出台，我国中小企业的发展已经迈入高速发展期，但是在发展的背后也面临着问题，需要政府部门进一步把控，加大扶持力度，消除制约中小企业发展的屏障，营造更良好的发展环境。

而作为国家治理的重要政策，财政政策一直对扶持中小企业发展有着重要作用，通过有关财政支出政策和税收政策，能够更好地为中小企业发展添砖加瓦，但是在这一过程中，如何更好地发挥财政的职能作用，丰富财政的支出手段，加大税费减免力度都需要进一步研究。

1.2　选题的目的和意义

作为目前我国经济发展的一个重要增长点，中小企业已经成为社会发展的一股不可忽视的力量，也是我国国民经济重要组成部分，在优化资源配置、提供就业岗位，带动民间创新等方面，都发挥着自己独特的作用。但是由于我国中小企业发展起步晚，自身规模小，总体实力较弱，因此在很多方面需要政府部门给予一定的帮扶。在中国经济发展步入新常态的大环境下，进一步发展中小企业更具有重要的战略意义。

1.2.1　支持中小企业发展是完善市场经济体制的内在要求

市场经济是效率经济，各经济行为主体在公平、公正、自由的竞争环境下实现社会经济资源的有效配置。发展中小企业最本质的意义在于构造市场经济的微观基础，为建立完善的市场经济体制创造必要的前提条件。在中小企业成长发展的过程中，市场在资源配置方面发挥着主要作用，一方面，追求利润的天性激励中小企业按照更加盈利的模式重新配置资本；另一方面，破产机制对中小企业经营形成无形的监管，企业会按照市场引导选择安排经营策略。随着中小企业的发展壮大，市场的资源配置功能辐射范围更广，从企业逐渐覆盖整个社会资源配置，发挥基础性的调节作用，推动市场经济发展的完善。

1.2.2　支持中小企业发展是调整产业结构的主要内容

中小企业是技术创新和商业创新的生力军，尤其是技术型的中小企业创新发展对连接传统产业与新兴产业之间的断层，促进产业结构的优化升级具有重要的作用。大量新技术、新产品和新的服务、新的商业模式源自中小企业。改造提升传统产业，发展新产业，开拓新领域，调整优化经济结构，加快经济发展方式转变，中小企业是重要的担当者和关键所在。

1.2.3　支持中小企业发展是统筹区域经济的有效杠杆

国民经济的发展带来了经济总体水平的大幅度提高，但是由于地理、历史、文化等多方面因素共同影响，导致了地区间经济发展的不均衡。工业、服务业主要集中于大城市，为大城市带来了城市空间饱和、人口数量过度集中、环境污染严重的经济社会问题，与此同时，广大边远地区人力资本短缺，经济发展落后，城乡差距不断扩大。中小企业凭借国家有利的政策扶持以及自身独特的竞争优势，数量与规模易于发展壮大，对振兴地方经济，调节地区间经济发展不平衡，缩小城乡差距具有重要的作用。

1.2.4　支持中小企业发展是大众创业就业的有力载体

长期以来人口众多、就业压力大是中国的现实国情，充分解决就业问题是关乎中国经济社会可持续发展的重要内容，发展中小企业是实现这个目标的主要途径之一，政府应当扶持中小企业的成长与发展从而保障中小企业能够提供更多的就业岗位，缓解就业压力。中国大型企业通常为资本密集型企业，企业数量稳定，吸收就业能力有限。中小企业多为劳动密集型产业，且中小企业创业与管理成本较低，资本有机构成低，生产要素多以劳动力资源为主，吸纳就业人员能力相较于大型企业更具优势。回顾中国改革开放四十年的发展历程，从农村、国企以及政府部门转移出的劳动力都是依靠沿海经济发达的劳动密集型工业和制造业解决的。每年中国都有大量的高校毕业生、失业再就业人员在中小企业当中找到适合自己的岗位。在中国经济结构调整与国有企业改革的过程中，中小企业吸纳了大量转业人员，对中国新增就业人口，解决就业再就业问题起到了关键性的作用，中小企业已经成为吸纳就业人员和缓解就业压力的主力军。

1.2.5　支持中小企业发展是科学技术创新的重要力量

中小企业决策层次少、企业内部交易成本低，相对于大型企业而言更容易实现技术创新和管理创新，扩大企业无形资产的比例。早在1990年，美国学者分析了美国各个行业的技术创新情况，得出了一个结论，即在技术创新较多较快的行业中，中小企业优势明显。而在技术创新较少较慢的行业中，大企业更具有竞争优势[①]。大企业的管理和控制程序复杂烦琐，容易产生创新的官僚主义倾向，带来创新报酬的递减。并且在大企业林立的市场，由于垄断力量的渐起削弱了竞争机制，导致了大企业创新上的惰性和迟钝。所以中小企业相对而言更容易保持良好竞争动力和良好的企业内部联系，使其在研究和开发过程中具有更高的效率和活力。近年来，中国中小企业提供了大量的专利发明、技术创新和产品开发，各地高新开发区中的中小企业已经成为当地技术创新最活跃的经济行为主体，为中国自主创新战略做出了重大的贡献。

1.2.6　支持中小企业发展是培育大型企业的摇篮

从企业生命周期的角度来看，中小企业可以经过创业、指导、授权、协调和合作等五个阶段而发展成为大型企业，世界各国都存在由中小企业起步

---

① 李扬．中小企业融资与银行[M]．上海财经大学出版社，2001：19．

逐渐成长发展为大型集团公司的案例，所以中小企业是孕育企业家和大企业的摇篮。由中小企业发展成为的大型企业经历了外部市场环境与企业内部制度结构的不断变迁，以优胜劣汰的原则进行考量，能够生存下来的企业在创新与经营方面能力突出，相应跟随这些企业一同成长起来的企业家也是本产业的精英与领军人物。政府应该大力扶持中小企业的发展，保障中小企业成长能力的可持续性，造就更多的在国内外市场中具有影响力的优秀企业和企业家，促进国民经济的进一步成长和发展。

1.2.7　支持中小企业发展是社会和谐发展的坚实基础

中小企业量大面广，是吸纳就业的主要渠道，为大量社会剩余劳动力和闲杂人口提供了就业机会。从当前中国经济发展的态势来看，中小企业的发展关系到多数人的收入水平和生活质量。国际国内经验都相继表明，中小企业发展得好，居民收入差距相对较小，生活质量和幸福感就高，社会就相应比较和谐稳定。因此，政府应该加大力度扶持中小企业的发展，为中国民生环境的进一步提高和社会生活的和谐发展打下良好的基础。

1.3　研究内容、思路和方法

1.3.1　研究内容和思路

全书根据国内外相关规定对中小企业进行了界定，阐述了目前各国中小企业存在的共性特征，对中小企业在国民经济发展中的地位与作用进行了表述，并结合实地调研和国外发达国家和地区对中小企业创新发展给予的扶持政策，提出符合我国国情的支持中小企业创新发展的财政政策和相关措施。

全书由绪论、相关理论基础、我国中小企业发展现状、支持中小企业创新发展的经验借鉴、目前我国中小企业创新发展存在的问题、财政支持中小企业创新发展的必要性、有效支持中小企业创新发展的政策建议等七部分组成。

第一部分绪论对选题背景、目的和意义以及研究内容、思路和方法等进行了梳理；第二部分相关理论基础包含四个方面：技术创新和生产力进步使中小企业蓬勃发展成为可能，供给侧结构性改革有利于提高中小企业发展质量和效率，政府与市场资源配置过程中的博弈促进了中小企业快速发展以及公共资源有效配置为中小企业发展营造了宽松环境构成全书的理论基础；第三部分我国中小企业发展概况，主要界定中小企业的概念以及对目前我国中小企业发展的实际情况等进行分析阐述；第四部分目前我国中小企业发展存在的问题，针对国际与国内经济形势的不利影响、中小企业融资难仍旧是制约发展的瓶颈、中小企业财税扶持力度有待加强、中小企业公共服务亟待完善、中小企业创新发展能力亟待提升、中小企业部分行业产能亟待转移和中小企业人力资本增值压力亟待缓解等七个方面内容对目前我国中小企业发展存在主要障碍进行了阐述；第五部分财政支持中小企业发展的必要性，从中小企业发展过程中存在市场失灵、发挥财政促进经济稳定发展职能和各国财政在支持中小企业发展中的作用三个角度进行明确；第六部分国外支持中小企业发展的经验借鉴，主要从国内部分城市支持中小企业发展的措施、国外发达国家支持中小企业发展创新的措施和国外发达国家支持中小企业发展的主要启示三个角度入手，对目前有助于我国中小企业发展的政策建议进行了梳理；第七部分促进中小企业发展的有效路径，从四个角度给出了政策建议，即支持中小企业发展的财政政策、支持中小企业发展的税收政策、加大融资的支持力度和其他配套的政策措施，其中支持中小企业发展的财政政策包含六个方面，支持中小企业发展的税收政策包含四个方面，加大融资的支持力度包含六个方面，其他配套的政策措施包含三个方面，较为全面地对如何支持有效支持中小企业发展提出了政策建议。

1.3.2 研究的方法

（1）文献资料研究法。

查阅与本研究相关的资料，包括国内外文献、有关书籍，对相关资料进行梳理、分析，选取有借鉴意义以及有关学者提出的没有解决的问题进行重点研究，并最终确定本研究的研究内容。相关资料来源，如CNKI知网数据库，政府部门门户网站以及相关统计年鉴。

（2）实地调研研究法。

通过实地调研与当地中小企业孵化器、创业园座谈的方式，对宁波、陕西、四川、上海、北京等省市进行实地调研，有针对性地对中小企业在发展过程中遇到的实际问题，如融资、发展环境等问题以及下一步政府需要承担的责任与支持内容进行交流。最后，根据调研内容，进行梳理和分析，形成本书重要的依据。

（3）借鉴研究法。

针对调研后梳理的问题，通过借鉴国外发达国家的具体做法，以及根据财政部、工商总局、工信部等五部委推动的创新创业示范城市成功经验，立足目前大多数城市存在的问题，遇到的难点，提出符合我国国情的支持中小企业发展的财政政策建议。

第 2 章

相关理论基础

面对经济增速放缓,2014年中央经济工作会议提出要培育和探索新的经济增长动力,即"大众创业、万众创新"。一直以来,中小企业在我国国民经济中扮演着重要角色,是我国经济领域最为活跃的部分,是推动创新的重要力量,同时也为大量劳动人口提供就业岗位,吸纳大量的低端劳动力,可以说中小企业是解决就业、创新、分配问题的关键一环。在经济新常态下,中小企业的发展将改变我国经济的驱动模式,推动我国经济社会进入新的时代。为鼓励、支持、促进、保障中小企业创业创新的发展,我们从微观经济学理论、供给经济学理论、新制度经济学理论三个维度了解中小企业发展历程,理论结合实际,更好地服务于中小企业的发展。

2.1 中小企业概念的界定

2.1.1 中小企业界定方法概述

总体来讲界定中小企业的方法有二:一是一般性的定性与定量法;二是特殊性的格雷纳模型界定法。

定性界定与定量界定是国际上界定中小企业概念的两种一般性方法。定性界定是以企业的控制方式和经济特征出发来界定中小企业的,又被称作质量界定或地位界定,最基本的衡量标准有三:企业独立性、企业经营自主性与企业市场份额占比。定量界定主要指的是数量标准,主要指标有从业人数、总资产和销售额。目前世界各国普遍采用的是定量界定法,这种方法方便统计和比较，简单易懂，方便明晰政府扶持对象。但也有一定局限性，即不同国家或同一国家不同地区定量标准不易统一，同一国家与地区不同时间与不同行业也难以统一。与定量界定相比，定性界定能够更好地反映企业本质特征，揭示企业在竞争中凸显出的劣势，有利于把握中小企业成长命脉，但与定量界定相似，不同国家和地区由于经济环境与发展水平的差异，定性标准也可能会不大一样，即使在同一国家同一地区，由于产业不同和所处经济发展时期不同，定性界定标准也会有所不同。总体来说，定性界定与定量界定各有其自身的优缺点，只有将两种方法相融起来探讨中小企业概念，才可以使政府扶持政策更具有灵活性。

中小企业的特殊界定方法主要指的是格雷纳模型。该模型认为，中小企业一般会经过创业、指导、授权、协调和合作等五个阶段而发展成为大型企业，因此可以以这五个阶段为依据，判断一个企业是否处于中小企业阶段。

第一阶段，创业阶段。重点强调研发，重视市场，企业通过创造成长，在这个阶段企业不需要太复杂的治理结构与经营战略，创业者经营者通常付诸一人之身。经过企业 1~3 年的成长，业务不断拓展，员工不断增多，此时需要职业管理团队来对企业发展进行科学的指导。此时，企业可能会陷入第一个危险期——领导危机。

第二阶段，指导阶段。企业通过专业的经理人团队指导工作，引导员工执行决策层决定，企业进一步通过领导成长。发展到一定程度时，员工实践越来越纯熟，企业规模越来越大，纵向管理层次越来越深，员工对自主权的渴求也愈加强烈，基层管理者与中层管理者希望增加自主权利，从而导致企业发展出现新的鸿沟。此时，企业可能会陷入第二个危险期——自立危机。这说明自上而下的指导型管理已经不再适应企业的进一步发展。

第三阶段，授权阶段。一般经过 1~3 年的高速发展后，由于市场扩大，销售地域与渠道进一步拓展，导致企业工作人员数膨胀，企业部门面临分拆，此时需要更多的授权，这就会导致新的问题，因为授权增多会致使自作主张，出现本位主义，控制过多会出现协调障碍，合作困难的现象。此时，企业可能会陷入第三个危险期——控制危机。

第四阶段，协调阶段。企业需要通过更规范系统的管理体系，解除控制危机，但约束力过强的规章制度会伤害企业经营灵活性，束缚企业创新能力。此时，企业可能会陷入第四个危险期——官僚危机。

第五阶段，合作阶段。在这一阶段，需要企业在内部营造一种合作的价值取向以避免官僚主义。

一般来讲，绝大多数的中小企业处于格雷纳模型的第一阶段至第二阶段之间。中小企业处于第三阶段至第五阶段之间。度过这五个阶段，就步入第六阶段，成长为大企业。格雷纳模型对政府扶持中小企业有很好的指导作用。政府可以以此模型为指导，对不同发展阶段的中小企业实施不同的保护和扶持政策，提高政策供给效率。

2.1.2 欧美国家中小企业的界定

美国《小企业法》对小企业的定义是："独立经营且在其领域处于非支配地位的企业，或是从业人员一般在500人以下的企业"。2004年，美国小企业管理局分别从资产和雇员人数两个方面对小企业进行了数字划分，其标准如表2-1所示。

表2-1　　　　　　美国的中小企业划分标准

产业类型	规模标准（从业人员或资产）
制造业	≤500人
批发业	≤100人
农业	≤75万美元
零售业	≤600万美元
一般大型建筑业	≤2850万美元
商业服务或个人服务业	≤600万美元

欧盟从2005年1月1日开始执行新的中小企业标准，将微型企业单独列为中小企业的一种类型。其划分标准如表2-2所示。

表2-2　　　　　　欧盟的中小企业划分标准

企业种类	职员总数	营业额（或满足）	资产负债表
中型	≤250	≤5000万欧元	≤4300万欧元
小型	≤50	≤1000万欧元	≤1000万欧元
微型	≤10	≤200万欧元	≤200万欧元

2.1.3 我国中小企业的界定

中国对中小企业的划分是根据国民经济社会的发展情况，在总结实际运用经验的基础上，不断改进和完善的。1988 年，我国发布了《大中小型企业划分标准》，把不同行业的众多企业按照产量和固定资产值，划分为特大型、大型、中型和小型共四个类型。其中大型又分为大一和大二两类，中型分为中一和中二两类，一共分为六档。1999 年再次修订企业规模划分标准时，把主要的分类指标更改为企业销售收入和总资产，仍然把企业划分为特大型、大型、中型和小型四大类，但不再做细分。2003 年中国再次修订了企业划分标准，出台了《中小企业标准暂行规定》。在这次中小企业的划分标准中，改变过去根据企业性质对企业规模进行不同划分的做法，而是把各种所有制和组织形式的企业都按照同样的指标划分为中型企业和小型企业两大类。这次分类主要参考三个指标，分别是企业职工人数、销售额和资产总额，并且结合不同企业的情况规定了不同的标准。

2003 年以后，中国经济发展迅速，原来的中小企业标准在实际运行过程中逐渐发现一些问题，而随着中国企业员工规模小型化、资产规模扩大化的趋势性变化，以及行业涵盖范围不足等问题逐渐暴露。2009 年，工信部、国家统计局等部门在中国第二次全国经济普查数据的基础上，对中国中小企业划分标准修改和优化。2011 年 6 月，中国发布了新的《中小企业划型标准规定》。这次划型对企业类型进行了细分，增加了微型企业这个类型。结合不同行业的特点，根据企业营业收入、从业人员、资产总额三个指标，确定了不同行业中小企业的划分标准，把中小企业划分为中型、小型、微型三种。该规定分十六个行业，分别规定了各个行业中小微型企业的标准，如表 2-3 所示。

表 2-3　中小企业划分标准　　　　　　　　　　　　　　　　单位：元

行业	类型	营业收入	从业人员	资产总额
农、林、牧、渔业	中型	500 万 ~ 2 亿		
	小型	50 万 ~ 500 万		
	微型	<50 万		

续表

行业	类型	营业收入	从业人员	资产总额
工业企业	中型	2000万~4亿	300人~1000人	
	小型	300万~2000万	20人~300人	
	微型	<300万	<20人	
建筑业	中型	6000万~8亿		5000万~8亿
	小型	300万~6000万		300万~5000万
	微型	<300万		<300万
批发业	中型	5000万~4亿	20人~200人	
	小型	1000万~5000万	5人~20人	
	微型	<1000万	<5人	
零售业	中型	500万~2亿	50人~300人	
	小型	100万~500万	10人~50人	
	微型	<100万	<10人	
交通运输业	中型	3000万~3亿	300人~1000人	
	小型	200万~3000万	20人~300人	
	微型	<200万	<20人	
仓储业	中型	1000万~3亿	100人~200人	
	小型	100万~1000万	20人~100人	
	微型	<100万	<20人	
邮政业	中型	2000万~3亿	300人~1000人	
	小型	100万~2000万	20人~300人	
	微型	<100万	<20人	
住宿业	中型	2000万~1亿	100人~300人	
	小型	100万~2000万	10人~100人	
	微型	<100万	<10人	
餐饮业	中型	2000万~1亿	100人~300人	
	小型	100万~2000万	10人~100人	
	微型	<100万	<10人	
信息传输业	中型	1000万~10亿	100人~2000人	
	小型	100万~1000万	10人~100人	
	微型	<100万	<10人	

续表

行业	类型	营业收入	从业人员	资产总额
软件和信息服务业	中型	1000万~1亿	100人~300人	
	小型	50万~1000万	10人~100人	
	微型	<50万	<10人	
房地产开发经营	中型	1000万~20亿		5000万~1亿
	小型	100万~1000万		2000万~5000万
	微型	<100万		<2000万
物业管理	中型	1000万~5000万	300人~1000人	
	小型	500万~1000万	100人~300人	
	微型	<500万	<100人	
租赁和商务服务业	中型		100人~300人	8000万~12亿
	小型		10人~100人	100万~8000万
	微型		<10人	<100万
其他未列明行业	中型		100人~300人	
	小型		10人~100人	
	微型		<10人	

注：划分企业类型有两个指标时，下限必须同时满足，上限至少满足一个。下限是包含关系，上限不包含在内。

资料来源：根据《中小企业划型标准规定》总结所得。

目前我国中小企业界定标准仍然存在一些问题：其一，行业划分略显粗糙，或多或少会削弱政府扶持政策的针对性；其二，没有区分有形资产和无形资产，以资产总额数量确定企业规模难以反映出企业的产业特征；其三，中国国民经济发展存在地区间差异，划分标准应相应作出调整。如东部经济发达地区应侧重技术密集型企业标准的制定，即以资产量或销售额为标准。中西部经济欠发达地区应侧重劳动密集型企业标准的制定，即以就业人数为标准。

2.1.4 中小企业的经济特征

与其他类型的企业不同，中小企业具有自身独特的经济特征，主要体现在如下五个方面：

（1）数量多、领域广、覆盖广泛。由于人才、资金短缺，因此，大部分的中小企业生存并发展，进入壁垒低的劳动、资源密集型企业。我国的中小企业在地区分布范围和分布密度上也与我国的东中西部经济发展规律相一致，中小企业的发展数量、质量和水平也是从东部向西部依次递减。

（2）所有制结构多元化、以非国有企业为主体。中小企业的投资主体越来越多元化，非公有经济比重逐年上升，已占据主导地位。国家采取"抓大放小"的方针，国有经济和集体经济逐渐地退出中小企业领域，私营企业和个体户蓬勃发展。改革开放以来，异军突起的乡镇企业绝大部分都是中小企业，乡镇企业的发展为我国农村经济建设做出了巨大贡献。作为新的经济增长点的民营科技企业也多为中小企业，在市场经济中呈现出非凡的活力。

（3）区域结构、产业结构不平衡。从产业结构布局来看，发达地区专业化分工细致，已逐步形成了中小企业群；从企业自主程度看，东部发达地区国有企业比重比中西部不发达地区的比重相对较低；从中小企业盈利能力看，发达地区中小企业的盈利能力明显强于不发达地区；从企业创新能力比较，东部经济发达地区的中小企业创新发展意识比较强，其高新技术产业和高技术产品所占的比例也比较大。

（4）规模小、经营机制自主灵活。与大中型企业相比，中小企业的从业人数、资产规模和销售收入等指标都比较低，因此中小企业投资少，规模小，创办容易，生产和管理成本低，反应敏感，见效快；中小企业的经营机制比较灵活，能够在市场流行性、季节性、多样性和地区性的需求变化中做出迅速的反应。中小企业的所有权和经营决策权基本掌握在一个人手中，因此企业经营者在企业的生产经营活动中拥有不折不扣的生产经营自主权，这就使得中小企业能够在不断变化的生存环境中，迅速、准确的抓住时机，做出决策。

（5）信用度普遍偏低、融资难。中小企业融资难主要表现在：一是融资渠道狭窄。中小企业缺少直接的融资渠道，我国有关债券融资和股票融资的门槛较高，因此中小企业很难通过发行企业债券、上市发行股票等方式获得资金；由于国有商业银行的贷款对象主要是国有企业，中小企业受年限、抵押能力和信用水平的影响，绝大多数很难满足贷款条件；对于民间借贷，绝大部分都是高利贷，中小企业很难承受高额的利息。二是融资门槛高。主要是指中小企业的信用和担保问题，大多数中小企业很难从担保公司和风险投资基金得到有效的金融支持。

2.2 技术创新和生产力理论

托夫勒曾指出，人类的发展已经历了两次文明浪潮，从原始、野蛮的渔猎时代过渡到生产力水平较低的农业时代是第一次浪潮；伴随着生产力的发展，单纯的农业已经无法满足日益膨胀的需求，大规模的生产与销售成为发展趋势，工业的兴起是第二次浪潮；当社会进步不在以单纯的满足物质需要来衡量，第三次浪潮便初见端倪。而正是这种倡导多姿多彩的生活，鼓励个人个性发展的社会精神，引发了社会的变革，生产力加速发展，使得大量中小企业蓬勃发展成为可能，也由此发展起来[①]。从根本上讲，中小企业的发展源于生产力的发展所引发的一系列变化。以日本为例，日本经历了第二次世界大战之后，百废待兴，国内各行各业都需要大量的生产资料进行生产来满足民众正常的生活。在这样的背景下，当时的日本经济增长主要特征是以重工业为核心，企业在规模上追求大型化，自第二次世界大战后到20世纪70年代初期，日本经济发展迅速。然而进入70年代后，日本经济增长开始放缓，原来生产运行良好的大企业突然失去了活力，生产经营举步维艰，究其根源，就是在生产力飞速发展的几十年里，日本已由原来的重化工业逐渐向信息化产业过渡，这就引发了产业结构变化，即资本密集型向知识密集型转移，本国民众生活水平提高，从原先满足于"大锅饭"过渡到追求品质与个性，多样式、多种类、小批量的生产方式开始替代少品种、大批量的传统生产方式，同时，为发展生产力，带动经济增长，国家产业政策亦需要向中小企业倾斜。

卡尔松也始终强调中小企业兴起的根本因素在于技术进步。卡尔松指出"技术的创新速度可以有效降低企业生产的最小有效规模，从而导致平均成本（AC）曲线左移，降低规模经济进入壁垒，优化中小企业生存环境，使许多中小企业可以进入原来难以进入的领域从事生产经营活动，带动行业活力"[②]。一些从事中小企业研究的学者也认为，在21世纪初，工业化国家将

---

① 托夫勒. 第三次浪潮 [M]. 北京：中信出版社，2006.
② 孙学敏，张鹏，王杰. 中小企业技术创新问题研究：以河南金丹乳酸有限公司技术创新为例 [C]. 北京：管理世界，2008：396-408.

率先迈入一个崭新的发展期,这是源于传统产业发展遇到瓶颈,受到了新产业的冲击,生产力发展与现实不相匹配,从而迎来一个崭新的局面,一个发展的新机遇。生产力的发展带来一场技术的革新,带动新的产业出现和发展,这就为中小企业提供了一个难得的发展契机,可以说在新的发展时期,中小企业扮演着至关重要的作用,尤其是在技术创新与扩散,以及新产品、新设备、新方法的应用方面,都将由中小企业发起①。

从技术轨道转移的角度来看中小企业的兴起,一方面,由于科技革命的发酵势必会引发技术轨道的转移,老工艺支撑的产业日渐萎缩,大型企业生存环境愈发恶劣,一部分企业面临重重困境。另一方面,由于新技术带来的新契机,为中小企业提供一个良好的发展机会,拓展了其生存空间。与此同时,研究人员还发现年轻企业比老企业具有更好的规章制度,其组织环境也优于老企业,显得更加灵活。虽然年轻企业市场经验不足,但是实际上他们可能拥有最新的市场知识②。可见,中小企业虽然发展的年限不及大型企业,但是自身也独具一些优势利于其发展、创新并为经济增长做贡献。反观大型企业实现对经济增长的贡献往往是对于自身增值的能力和速度等,创新并非其对经济增长的主要贡献。所以政府为了更好的经济发展,应该在扶持中小企业创业创新方面有所侧重③。

在我国,中小企业作为国民经济中重要组成部分,有着举足轻重的作用。截至 2013 年第三季度末,我国中小企业在全国工商注册已超过 4200 万家,占全国企业总数的 99% 以上,GDP 贡献达到 58.5%,贸易出口额占 68.3%,对税收的贡献达到 52.2%,提供了 80% 以上的城乡就业机会④。在世界范围内,欧盟国家中小企业提供 7500 万个就业岗位,约占就业岗位的 99%⑤;美国自 1993 年起至 2008 年 16 年的时间里,中小企业新增就业岗位 2250 万个,

---

① Acs Z J., Carlsson B., and Karlsson C. Entrepreneurship, Small and Medium Enterprises and the Macro-economy [M]. London: CambridgeUniversity Press, 1999.

② Brian S. A. and Yoshihiro E. The Influence of Firm Age and Intangible Resources on the Relationship between Entrepreneurial Orientation and Firm Growth among Japanese SMEs [J]. Journal of Business 2013, (Venturing 28): 413 – 429.

③ Baumol W. J., Small Enterprises, Large Firms, Productivity Growth and Wages [J]. Journal of Policy Modeling, 2008, (30): 575 – 589.

④ 资料来源:百度文库《2013 年中小企业成长回顾与展望》。

⑤ Nymen M., Berck E., and Worsdofer M. Building a Better Future for Small Business [J]. Enterprise Europe, Enterprise Policy News and Reviews, 2006, (21) (January-March): 7 – 10.

占同期新增就业岗位的 64%①。可以说，支持中小企业发展、增强中小企业活力，是促进各国经济增长，缓解就业压力，保持社会和谐稳定以及建设创新型国家的关键一环。我国政府高度重视中小企业的发展，2002 年 6 月 29 日，第九届全国人民代表大会常务委员会第二十八次会议通过了《中华人民共和国中小企业促进法》就是为了改善中小企业经营环境，促进中小企业健康发展，扩大城乡就业，发挥中小企业在国民经济和社会发展中的重要作用。该法案从对中小企业的资金支持、创业扶持、技术创新、市场开拓、社会服务五大方面对中小企业实行积极扶持、加强引导、完善服务、依法规范、保障权益的方针，为中小企业创立和发展创造有利的环境，充分说明国家正在关注、关切中小企业的发展，看到了中小企业的发展对我国经济增长的拉动作用。随后国家颁布多部法律法规都是为了进一步扶持对中小企业的发展，如《国家中长期科学和技术发展规划纲要（2006~2020）》《国家技术创新工程总体实施方案》《国务院关于创新重点领域投融资机制鼓励社会投资的指导意见》《国务院关于大力推进大众创业万众创新若干政策措施的意见》《国务院关于进一步促进中小企业发展的的若干意见》《科学技术部关于进一步促进科技型中小企业创新发展的若干见》《中小企业发展专项资金管理暂行办法》《国务院关于扶持小型微型企业健康发展的意见》《国务院办公厅关于发展众创空间 推进大众创新创业的指导意见》等。可以说，我国要实现创新驱动的增长方式转变，提升增长质量，中小企业创业创新是关键一环，政府应该对中小企业发展发挥重要作用，具体要贯彻落实上述法律法规。对于我国中小企业来说，一方面要做好内部研发，推进企业自有技术的拥有率；另一方面，为加快技术创新过程，企业需要加强技术创新人才的引进和培养，充分利用企业以外的市场知识，提升企业的技术竞争力。

2.3 供给侧结构性改革理论

"新供给经济学"属于经济学的创新理论，基于"供给侧"经济学派结合当前实际经济情况提出的，并根植于中国经济实践。对于"供给侧"经济

---

① 数据来源：http://web.sba.gov.

学派的起源可以追溯到 19 世纪初，萨伊在其著作《论政治经济学或略论财富是怎样产生、分配和消费的》中提出的"萨伊定律"①，并在《政治经济学概论》中指出"干涉本身就是坏事，纵使有其利益"②。萨伊研究的最大贡献在于引发了研究人员对于"生产和消费、供给和需求的相互影响决定市场容量（和产品价格）"的思考，启迪了研究人员后续对于"供给侧"的研究空间。李嘉图在经济研究中的想法有很多与萨伊的思想具有高度一致性，其在分配理论的认识可以说是对萨伊定律的发展。李嘉图肯定了分配规则的重要性，指出"确立支配这种分配的法则，乃是政治经济学的主要问题"③，同时受到"供给创造自己的需求"这一观点的影响，李嘉图认为在现实社会生产中会形成一个发展链条，人们不会盲目生产发生入不敷出的情况。在很长一段时间内，供给学派占据着欧美主流经济学课堂。

1936 年，凯恩斯在其著作《就业、利息与货币通论》中认为"经济中的自动机制不足以使生产和就业达到均衡状态"④，提出来与"萨伊定律"相悖的观点。凯恩斯这一思想很大程度上受到了马尔萨斯的影响，马尔萨斯认为需求对于价格变动的影响更为重要，并提出"有效需求"这一概念，指出"使社会中占适当比例的一部分人从事私人服务，或者可能以其他方式提出对物质产品的需求，而不直接参与产品的供给"⑤。凯恩斯在马尔萨斯的基础上，认为出现失业的原因在于有效需求不足。结合当时的经济实践，罗斯福新政对微观经济采取的宏观调控手段，对经济学理论的发展起到了至关重要的作用，也是对古典自由主义的巨大冲击。凯恩斯主义经济学将理论创新融合到实践中，并对实践进行指导，最后形成一种思想和逻辑纳入到凯恩斯自己的著作中，使其受到热捧，替代了原来供给学派，成为 20 世纪 30 ~ 60 年代期间经济学领域的主流。而随着"滞胀"现象在美国出现，凯恩斯主义的主张一时无法解释眼下的危机，凯恩斯主义随之走下神坛。"萨伊定律"的

---

① Jean-Baptiste Say, A Treatise on Political Economy (or the Production, Distribution, and Consumption of Wealth), Batoche Boos, Kitchener, 2001, Part One: the Production of Wealth, Chapter XV: the Demand or Market for Products, "Which leads us to a conclusion that may at first sight appear paradoxical, namely, that it is production which opens a demand for products".

② 萨伊. 政治经济学概论 [M]. 北京：商务印书馆，1963：199.

③ 李嘉图. 政治经济学及赋税原理 [M]. 北京：商务印书馆，1976：3.

④ 凯恩斯. 就业、利息与货币通论 [M]. 北京：商务印书馆，1987.

⑤ 马尔萨斯. 政治经济学原理 [M]. 北京：商务印书馆，1962：62.

供给学派高调回归。之后供给学派的发展仍然经历曲折起伏,通过梳理,"供给侧"学派的发展脉络可以简述为①:萨伊定律的提出→凯恩斯主义的辉煌→供给学派的回归→凯恩斯主义的复辟→供给管理的出现②。可以说,供给学派发展有一个阶段性特征,在理论与现实的结合中存在一定的阶段性作用。

沿着"供给侧"学派的发展轨迹,我们可以看出,在起伏与对立中,"供给侧"学派一直力求探索一个融合,而在中国经济学人的已有探索中,提出了"新供给经济"这一经济学创新理论③。首先,新供给经济学推崇供给管理,主要强调"首先,经济学基本框架需要强化供给侧的分析和认知,这样一个始发命题或可说源于萨伊的古典自由主义定律,并在新时代、新经济、新兴市场的背景下被赋予弥补片面注重需求管理之缺陷的新思想。其次,新供给经济学要求更有针对性地对现实问题进行解析,避免出现理论偏差不做纯理想性假设,注重以现实情况为基础来研究。最后,新供给经济学并非简单的推崇'干涉本身就是坏事,纵使有其利益',而是认为优化资源配置的客观要求是强调市场、政府各有所为,并主张考虑第三部门主体与两者之间的良性互动,认为在当下,应该用创新意识来明确地指出人类社会不断发展的主要支撑因素,可以认为是有效供给对于需求的回应和引导,供给能力在不同阶段上的决定性特征形成了人类社会不同发展时代的划分。特别是,新供给经济学基于此引入制度经济学的相关理念,特别强调对制度供给的认识与重视,认为制度供给问题与供给能力的形成密切相关,应该充分地引入供给侧分析而形成有机联系的认知体系,将各种要素的供给问题纳入紧密相连的制度供给问题的分析体系"④。

新供给经济学是非常注重理论与实际结合的经济学理论,我国政府也注

---

① 自20世纪70年代"滞胀"以后,供给学派高调回归,后又经历20世纪80年代一次严重的经济危机,虽然在供给学派指导思想下宏观经济结构在很大程度上得以优化,但是并没有出现宏观经济的高速增长,反而带来了严重的财政赤字和外贸赤字,凯恩斯主义在这样的环境,得以复辟,直至2008年美国"次贷危机"引发全球金融危机,美国政府又采用供给学派指导思想救市,标志着供给学派再次回归。

② 贾康,苏京春等. 新供给经济学:理论创新与建言 [M]. 北京:中国经济出版社,2015:82 - 89.

③ 贾康. 中国需要以改革为核心的新供给经济学 [J]. 地方财政研究,2013(2):4 - 11.

④ 贾康,苏京春. 探析"供给侧"经济学派所经历的两轮"否定之否定" [J]. 财政研究,2014(08).

重对供给侧的改革，国家高层多次提及供给侧改革。2015年11月10日，习近平在中央财经领导小组会议上首次提出"供给侧结构性改革"，11月11日，国务院常务会议再次强调"培育形成新供给新动力"，11月17日，李克强在"十三五"《规划纲要》编制工作会议上强调，在供给侧和需求侧两端发力促进产业迈向中高端，11月18日，习近平在APEC会议上发表主旨演讲时再次提到"供给侧改革"。习近平强调"在适度扩大需求的同时，着力加强供给侧结构性改革，着力提高供给体系质量和效率"。当前我国面临的问题并非单纯的"供给"或"需求"的问题，而是新兴产业产能不足，传统行业产能过剩的问题。解决这一问题不能依靠凯恩斯主义，而是根据从中国实践出来的新供给经济学着手，可以说，新供给经济学在我国的实践经验就是以改革统领全局，引领我国经济的可持续性发展。这就要求我国政府一是要坚持走创新型国家之路，鼓励创业创新；二是在推进城镇化的进程中，注重对产业结构的优化；三是深化体制机制改革，最大限度地减少对微观事务的管理；四是发展混合所有制经济，深化国有企业改革，盘活国有资本，防止国有资产流失；五是改革并完善适应现代金融市场发展的金融监管框架，健全符合我国国情和国际标准的监管规则；六是深化财税体制改革，建立健全有利于转变经济发展方式的现代财政制度和税收制度；七是推进政策性金融机构改革，撬动社会资本参与城市发展建设。

2.4 制度经济学理论

从发展史来看，制度经济学大体可以分为以李斯特、凡勃伦、康芒斯[①]等为代表的制度经济学和以科斯、诺斯、威廉姆森等为代表的新制度经济学。然而，旧制度经济学与其称之为"制度经济学"，不如称之为"制度学派"更为准确，其研究对象可认为是某种特定的制度下的经济及其处于不同阶段所具有的不同特征，制度学派实际上由其先驱乔治·弗里德里希·李斯特所成就的德国历史学派发展而来，其性质很大程度上仍然可归属于历史学派，但其最早对法律、冲突、秩序、交易等问题的特别关注为新制度经济学奠定

---

① 李斯特、凡勃伦、康芒斯的观点认为"制度"是经济进化的动力所在。

了重要的思想基础；而以制度为研究对象的新制度经济学实质上研究的是制度对经济性行为和经济发展的影响，以及反过来经济发展对制度演变的影响，以产权理论、交易成本理论及制度变迁理论等为基础，可以说开启了经济学研究的新时代。

产权理论作为制度经济学的一个重要理论诺斯认为产权理论的核心在于有效率的产权对经济的增长作用。通过对产权的界定，各经济主体之间可以做出自己的最优决策，从而推动资源最优配置的实现。而这种资源配置的过程就是各经济主体之间互相选择的过程，由于经济主体的类型不同，也就导致经济主体决策过程、决策原则、决策选择的空间以及最终形成的影响也是不同的。我们可以通过科斯定理进行进一步的了解。科斯第一定理中的交易理解为市场交易，交易费用理解为市场交易所需的成本，那么，根据科斯第二定理，如果交易费用大于零且不等于零的话，中小企业的行为（即产权）将影响经济的资源配置和资源配置效率，在有效率的经济社会中，社会自动地将资源配置到最有效的地方，由此来实现资源的有效配置，但是，市场交易是有成本的，中小企业的社会行为一旦考虑到进行交易过程中可能产生的各种成本以及各种费用，中小企业的行为就要考虑成本的作用了，如果中小企业行为的成本很大，而能够给中小企业带来的收益又满足不了成本的需要时，理性的中小企业就会选择不再交易市场上进行交易，这样，最佳的产权制度安排就无法实现。而根据科斯第三定理，我们知道在现实世界中，产权安排是人们进行交易、优化资源配置的前提，但是如果前提未被实现，即产权没有进行一个全面的界定、划分等，那么一切的产权安排再无异议，任何有关产权的交易也就无从进行，只有将产权进行完整地界定、保护、监管，才能为人们提供交易的框架和形势。科斯定理认为通过明晰产权，特别是私有产权，即可以通过私人契约或协议的方式来解决外部性等市场失灵的问题，因此，不必抛弃市场机制。对于当前我国政府最为重要的是要认识市场与政府的关系，区分好政府和市场各自的功能和界限。在国民经济的运行过程中，首先应充分发挥市场配置资源的基础性作用，以市场调节为基础，政府不介入市场能够提供而且更能实现效率的私人产品领域。目的是维护市场秩序，提高社会总体效益和实现社会公正。政府等公共部门可以弥补市场缺陷，但其范围和界限，应当在于补充市场不足的方面。与此同时，政府应更多地运用经济、市场的手段实施宏观调控，不断推进财税体制、金融体制、行政管理体制的改革和完善,建立促进中小企业可持续发展的政策体系。

科斯认为:"市场的运行是有成本的,通过形成一个组织,并允许某个权威来支配资源,就能节约某些市场运行成本"[①]。回答了为什么会有企业,企业和市场都不是刚开始就以预先设定的形态产生出来的,而是彼此间以齐头并进的方式演化而来的,同时也指出了企业存在的根本原因是能够减少市场交易成本。威廉姆森把科斯的交易成本思想发扬光大,形成了交易成本经济学,他认为:"一项交易要选择可供选择的交易成本最小的'治理结构'来完成,要把属性各不相同的交易与成本和效能各不相同的治理结构'匹配'起来,经济组织的核心问题在于节省成本。企业和市场都是治理结构,这一结构主要起源于节省交易成本,自动适应和合作适应的效果随治理结构的不同而不同"[②]。张五常也持相同观点,认为:"企业是什么或者不是什么并不重要,重要的是在不同的交易成本下组织经济活动的各种不同方式。"[③]人类社会经济关系说到底是一系列交换关系的集合,交换的完成必然会产生成本,这种成本在制度主义者看来就是交易成本。在市场经济条件下,交易成本是使用市场而产生的成本。个人、厂商和政府作为三大经济主体都有其各自的经济利益存在,在它们相互之间或各自内部之间完成交换,都需要克服客观上存在的一些摩擦,由此产生的对资源交换时的费用就是交易成本。管理机关的任务是设法使经济组织资源分配的这些成本(即交易成本)最小化,同时改造经济主体的组织特征,当然对经济组织单位的改造不能用行政干预的方式来完成。而是要促使其自然演变,如此二者兼用才能真正有效地从根本上降低社会整体的交易成本或交易费用。简政放权,减少行政审批是我国推进市场化改革,营造良好企业经营环境,降低交易成本的重要举措。当前我国行政审批手续复杂,从中央到地方各级政府逐级审批不仅导致各类寻租的腐败行为,更为企业经营增加了交易成本。我国正处于转型期的关键阶段,"三驾马车"对于我国经济增长逐渐减弱,转而需要新的经济增长点,即创新、城镇化以及消费升级,这也预示着,未来我国进行产业结构调整和升级将从依赖传统产业和战略新兴产业转而依赖广泛的创业和创新,而这类

---

① 盛洪.现在制度经济学(第二版上卷)[M].北京:中国发展出版社,2009:115.
②③ 皮建才.企业理论的进展:交易成本与自生能力[J].经济社会体制比较,2005(02):130-138.

"双创"活动的主体，必然是遍布各地和各行各业的中小企业。从这一角度出发，为了促进中小企业创业创新，我国政府必须简化行政审批手续，加强对私人产权、知识产权的保护，营造良好的营商环境。

　　任何社会的制度变迁其实都是在原有的制度基础上采用一种新制度，无论是正式的制度变迁还是非正式的制度变迁，都是如此。制度变迁的原因是预期收益的改变，如果采用一种新制度可能会使经济主体的经济收益得到提高，那么就会产生新制度取代或改进原有制度的制度变迁。但是制度变迁并不是推动就能实施进而生效的，因为制度实施和生效需要一系列的内外部条件的支撑和保证，这种支持既可能是经济型的，也可能是技术型的。同时，又由于经济主体的多元化特征事实及其各自不同的价值偏好和利益取向，以及原有制度下所形成的稳定型分配格局与权利格局等，都会影响到人们对未来制度安排的潜在选择，所以，容易引发社会成员的选择集合趋向于从一个极端走向另一个极端。制度预期也是影响制度选择和制度安排的十分重要的因素，由于实施新制度而预期所能得到的收益必然地会部分来源于原有制度的基础、规模与改变强度，所以，在制度选择初期所发生的制度竞争经常会对最终结果发生重大影响。因此在收益递增情况下，一个看起来的偶然因素所产生的影响将不仅仅是临时的。如果调整成本足够高，因而局部均衡是所能追求到的最优结果，此时全面均衡可能就不会实现。一次制度变迁的全过程就是一个制度变迁的周期。诺思一次制度变迁的过程，制度安排会实现或达到均衡，但是由于制度供求因素发生变化，已实现变迁的制度安排又会出现一定的非均衡，为此又要进行制度革新或创新，进入又一个新的制度变迁周期。我们一般认为，诺思的制度变迁模型是一种"滞后供给"模型，即制度创新滞后于预期潜在利润的出现，潜在利润的出现和使利润内部化的制度安排建立之间存在着一定的时间间隔，这就是所谓制度变迁的时滞。同时，诺思指出制度变迁的路径依赖是对长期经济变化作出分析性理解的关键。这是因为一方面，制度变迁过程中时滞的产生与路径依赖有很大关系；另一方面，一个社会制度演变或变迁的路径是沿着以前制度变迁的轨迹，它在很大程度上制约了制度变迁今后的发展。一些经济社会制度安排的高效率运行正是由于路径依赖的存在，同样另一些经济社会的低效率制度安排的存在也是源于路径依赖。因此，制度变迁分析中的一个极其重要的理论便是路径依赖理论。长期的社会经济变化、不同地区不同国家的发展差异等都可以借助路径依赖理论来理解。诺思认为造成现今发展中国家经济长期停滞不前的原因，正是由于缺少进入现代法律约束和其他制度化社会的机会[①]。显然，摆脱路径依赖对于落后国家和转轨国家是十分重要的。渐进式制度变迁的最大困难或许就是如何摆脱路径依赖问题。为了打破路径依赖，一个社会往往需要经历一场强烈的外来冲击、政权更迭或者战争之类的突发性事件的冲击，这就是所谓的"奥尔森震荡"。制度变迁的目的在于通过降低社会交易成本来提高社会经济的整体效益和运行效率，从而实现增加或最优配置社会有效资源的目的。新制度主义学派认为制度变迁可以从减少资产专用性、机会主义行为动机，以及增加理性行为。因而市场化配置资源的模式可以增加资产的共用性程度，特别是社会游戏规则的普遍适用性程度，通过法律程序构建的游戏规则具备公开性、普遍性、严肃性、强制性，因而可以在最大限度上降低败德性机会主义的内在冲动，而增加理性行为的动机。通过对制度变迁理论的理解我们可以分析出，我国政府在制定各项政策时，中小企业同时会对政策做出相应的反应。一方面，当中小企业认为政策对区域内企业给予优惠政策和技术支持时，中小企业对政策的反应是配合、利用和贯彻执行，于是在中小企业得到发展的同时，社会、经济也会得以进步，中小企业和政府都得到最大效用；另一方面，当中小企业确信政府将提高税率、安全标准和降低融资支持、将会抑制技术落后的中小企业发展时，中小企业对政策的反应是逃避、抵抗，中小企业发展将停滞，社会经济增长缓慢，政府和企业都不会收益。最优化的政府和中小企业关系就是实现合作博弈，即政府和中小企业在制定策略和实施行动时，需要从对方的角度，进行换位思考，在合作中达到利益均衡。政府制订政策前，应对不同中小企业的发展情况和需求做全面、深入的调查和研究；优质的中小企业应积极利用网络等平台，及时发出与较差企业有区别的相关信号，以减少政府与企业之间信息不对称程度，最终实现政府和中小企业各自的"帕累托最优"。我国正处于历史发展的新时期，马克思曾指出："一个新的历史时期将从这种社会生产组织开始，在这个新的历史时期中，人们自身以及他们活动的一切方面，包括自然科学在内，都

---

① 诺思. 经济史上的机构与变革 [M]. 北京：商务印书馆，1993.

将突飞猛进,使以往的一切都相形见拙"①。可以说,人类社会的进步,离不开科技的创新,一次又一次的科技革命是促进生产力发展的前提保证。通过生产力的提升,可以推动制度进一步的优化与改革,从而提高供给能力并最终实现经济社会的可持续发展,建设富有中国特色的社会主义市场经济。

2.5 公共财政理论

公共财政理论,由于存在市场失灵的状态,必须靠市场以外的力量来弥补由于市场失灵所带来的无法提供满足公共需求的公共产品的空白,这个市场以外的力量就是政府的力量②。

公共财政具有自身的特点与内涵。公共财政是政府弥补市场失灵的财政。与其他类型的财政一样,公共财政分配的主体也由政府充当。但是,公共财政具有自身的特殊性,它仅是以政权组织身份进行政府分配,区别于以生产资料所有者身份进行政府分配的其他类型财政。首先,公共财政以市场失灵为前提,是市场机制中无法有效配置资源领域的修补,是克服市场失灵状态的财政。其次,公共财政是政府提供公平服务的财政。公共财政立足于市场经济,是针对作为市场活动主体的企业和个人的公共经济活动。公共财政的分配目的是为了满足全社会的公共需要,即是为了解决市场机制难以有效解决的资源配置领域。由于公共服务只能由作为政权组织的政府来提供,所以公共财政的基本目的就是提供公共服务和满足公共需要的财力。因此,公共财政是为了市场活动提供公共服务的财政,而不只是为某一个经济主体的服务。再次,公共财政是非盈利性的财政。在市场经济条件下,经济主体开展市场经济行为,追求的是企业或个人利益最大化,而处于修补市场失灵领域内的财政,不能直接进入市场去追逐利益,追求的只能是社会目标和利益。公共财政的分配主体是作为政权组织和社会经济管理者的政府。在市场经济条件下,公共财政之所以不能追求利润目标而只能追求社会目标,这是由政

---

① 自然科学史研究所. 马克思恩格斯列宁斯大林论科学技术 [M]. 北京:人民出版社,1979:62.

② 龚六堂. 公共财政理论 [M]. 北京:北京大学出版社,2009.

府具有的政治权利所决定的。当然，政府向全社会提供公共产品和服务，企业和个人从公共服务中获得了一部分利益，但企业和个人同时也必须向政府纳税，从而在纳税所失与公共产品所得之间形成了一种非直接但利益补偿关系。最后，公共财政是法治化的财政。公共财政的法治属性体现在社会行为主体可以通过法律形式获得对财政活动的监督权利。市场经济本身就是一个法治经济，对于政府来说，更需要在法律法规的约束规范下进行，所以财政也应该体现出其法治属性。

市场失灵是政府介入干预经济的理性依据与契机。一般来讲，政府介入市场经济活动路径有三：一是行政、法律手段。即政府通过制定市场法规来规范市场行为，通过制定长期发展战略与规划调节经济运行，通过直接行政手段实行经济管制。二是组织公共生产。即通过政府预算支出，组织公共产品服务供给。三是财政政策手段。即通过财政与税收政策杠杆工具，对市场失灵进行宏观调控，以实现财政政策目标。公共财政是政府提供公共产品，弥补市场失灵的重要经济手段，它有四大基本职能：第一，资源配置职能。在市场经济条件下，市场配置常有"市场失灵"状况的发生，资源配置无法达到帕累托最优，这时就需要财政参与资源分配，弥补市场功能缺陷。财政的资源配置功能就是将一部分社会资源集中起来形成财政收入，然后通过财政支出分配活动，由政府提供公共产品的供给，弥补市场职能的缺陷，引导社会资金的流向，最终实现全社会资源配置效率的最优状态。具体表现为：一是调节社会资源政府部门和非政府部门之间的配置，财政根据政府职能确定社会公共需要的基本范围，确定财政收支占GDP的合理比例。二是在政府部门内部资源配置资源。三是对非政府部门资源配置的调控。政府通过筹集提供公共产品的资金，为履行公共职能提供财力保障。财政在资源配置过程中，可实现财政支出结构优化。第二，收入分配职能。公共财政的收入分配职能是指政府收支活动对各个社会成员收入在社会财富中所占份额施加影响，以实现收入分配公平的目标。在不同历史阶段财政分配内容和形式会有所不同。在市场经济条件下，财政分配活动主要集中在公共需要的范围里。政府通过合理分配财政资源，重点保证公共产品领域的支出需要。第三，调控经济职能。在市场经济中，市场机制的自发作用，会造成经济的波动，社会总需求与总供给的失衡，这也需要政府通过财政政策等经济手段对市场进行干预和调节，以维持生产、就业和物价对稳定。财政对调控经济职能是对宏观经济运行实施反周期调控，以促进国民经济对持续快速健康发展。财政、税收政策可以通过财政补贴、税收减免和加速折旧等手段，引导社会资金投向，鼓励和吸引社会资本对特定行业、群体的投资，保证财政资金效率。第四，监督管理职能。在市场经济转型期，由于利益主体多元化、经济决策的分散性、市场竞争的自发性和排他性，公共财政必须对经济行为主体进行监督和管理。内容主要包括：一是通过对公共经济运行的监督、管理与跟踪，及时反馈信息，发出风险预警信号，为国家宏观决策提供依据。二是通过对微观经济行为主体行为的监督管理，规范经济秩序，为市场竞争提供基本的规则，完善市场机制运行环境，保证国家财政收入。三是通过对国有资产运营对监督管理，主要是实施价值形式对监督管理，确保国有企业健康发展的同时，实现国有资产的保值与增值。四是通过对财政工作自身对监督管理，不断提高财政管理水平。

综上所述，在当前经济形势下，要充分发挥财政的资源配置职能，针对中小企业，给予一定的政策倾斜，使其得到长足的发展。

第 3 章

我国中小企业发展概况

中小企业的界定包括中小企业界定方法概述、欧美国家中小企业界定标准以及中国小微界定标准。

3.1 当前我国中小企业发展的基本情况

3.1.1 中小企业数量持续增长

根据国家统计局官方数据显示,截至 2016 年年末,我国中小企业[①]共计 37 万户,同比增长 0.5 万户。其中,中型企业和小型微利企业分别约占 14.2% 和 83.3%,即中型企业约 5.4 万户,小型企业约 31.6 万户,具体如图 3-1 所示。

从不同地区来看,除东北地区中小企业呈现负增长,其余各地区均有所增长,具体来看,东部地区中小企业户数为 21.4 万户,同比增长 0.8%,占中小企业总户数的 58%;中部地区中小企业户数为 8.5 万户,同比增长 5.8%,占中小企业总户数的 23.1%;西部地区中小企业户数为 5 万户,同比增长 6.6%,占中小企业总户数的 13.6%;东北地区中小企业户数 2 万户,同比下降 18%,占中小企业总户数的 5.3%。

---

① 特别说明,由于中小企业特别是小微企业全口径数据较难收集,此处中小企业是指规模以上中小工业企业,即年主营业务收入为 2000 万元及以上的中小工业企业,也具有很强的代表性。

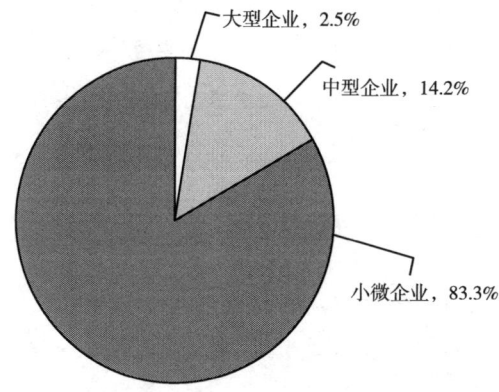

图 3-1　2016 年年末中小企业户数占比全部企业情况

分省市来看，中小企业户数前 6 名的省市为江苏省、广东省、山东省、浙江省、河南省和安徽省。其中，江苏省、广东省、山东省和浙江省四省中小企业户数占比超过了 10%，分别为 12.5%、10.8%、10.7% 和 10.7%，四省中小企业户数总数接近全国的一半，而中小企业户数前 6 名的省市，合计中小企业户数超过一半，约占全国的 56.1%，即 20.7 万户。

从行业层面来看，前 3 名的行业分别为制造业、采矿业和电力热力燃气及水生产和供应业。其中制造业占绝大多数，占比约为 93.7%，约有中小企业 34.7 万户，相较 2015 年年底增长 1.8%；采矿业占比有所回落，占比约为 3.6%，约有中小企业 1.3 万户，相较 2015 年年底下降 11.4%；电力热力燃气及水生产和供应业占比有所增长，占比约为 2.6%，约有中小企业 1 万户，相较 2015 年增长 5.9%。

在制造业行业中（共计 31 个），中小企业分布相对集中，其中在非金属矿物制品业、农副食品加工业、化学原料和化学制品制造业、通用设备制造业、电气机械和器材制造业、金属制品业、纺织业、橡胶和塑料制品业和专用设备制造业等 9 个行业中的中小企业户数占全部中小企业户数的 59.5%，具体为在非金属矿物制品业中中小企业户数占比约为全部中小企业的 10%，在农副食品加工业中中小企业户数占比约为全部中小企业的 7.4%，在化学原料和化学制品制造业中中小企业户数占比约为全部中小企业的 7%，在通用设备制造业中中小企业户数占比约为全部中小企业的 6.7%，在电气机械和器材制造业中中小企业户数占比约为全部中小企业的 6.5%，在金属制品业中中小企业户数占比约为全部中小企业的5.9%，在纺织业中中小企业户数占比约为全部中小企业的5.7%，在橡胶和塑料制品业中中小企业户数占比约为全部中小企业的5.2%，在专用设备制造业中中小企业户数占比约为全部中小企业的5%。

3.1.2 主营业务收入持续提高

2016年全年，我国中小企业实现收入达到72.2万亿元（主营业务），较2015年增收3.5万亿元，实现连续4年增长。同比增长6%，较2015年增长3.5%，提高了2.5个百分点，增速比在连续5年呈现回落的情况下，实现了提高。与全部工业企业相较，2016年我国中小企业主营业务收入占全部工业企业的62.7%，超过六成，在增速比方面，全国工业企业主营收入同比增长4.9%，较中小企业主营收入6%的增速低1.1个百分点，具体如图3-2所示。

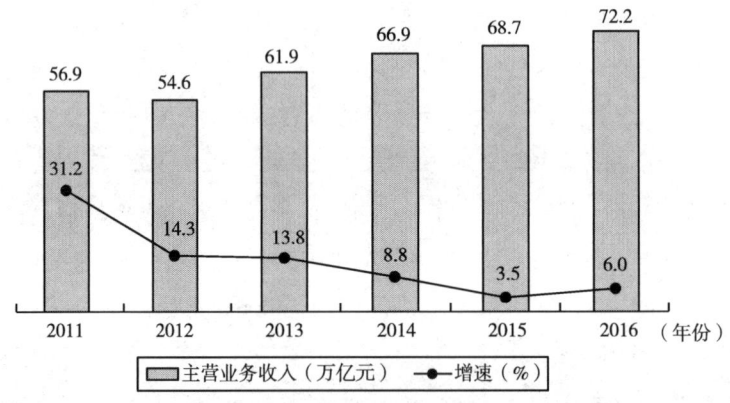

图3-2　2011~2016年全国中小企业主营业务收入及增速情况

从不同地区来看，中小企业主营业务收入也有所不同，除东北地区出现负增长外，其余地区中小企业发展均呈现良好态势，具体来看，东部地区中小企业主营收入为41.3万亿元，同比增长6%，占中小企业的57.2%；中部地区中小企业主营收入为17.1万亿元，同比增长9.3%，占中小企业的23.7%；西部地区中小企业主营收入为10.4万亿元，同比增长11.3%，占中小企业的14.4%；东北地区中小企业主营收入为3.4万亿元，同比下降18.1%，占中小企业的4.7%。具体到各省市来看，全国31个省市，除辽宁省出现了大幅度下降外,其余省市均呈现增长态势,其中西藏、贵州、重庆、新疆、陕西、四川和河南7个省市,中小企业主营收入出现了2位数增长,西藏增长更是超过了20%,7省市增长率分别为24.6%、18.2%、16.2%、13.7%、11.8%、11.5%和10.7%,而辽宁省同比下降了38.7%。在主营收入占比方面,江苏、山东、广东、河南和浙江5省中小企业主营收入占全国中小企业主营收入超过5%,其中江苏和山东两省超过10%,分别为13.8%和13.3%,广东、河南和浙江分别为9.6%、7.4%和6.7%,5省市合计占比超过全国的一半,即50.8%。

从不同行业来看,制造业、采矿业和电力热力燃气及水生产和供应业为收入最高的三个行业,其中制造业和电力热力燃气及水生产和供应业两个行业主营业务收入均保持了增长,采矿业出现小幅下降,具体为制造业主营业务收入66.3万亿元,较2015年同期增长6.5%;电力热力燃气及水生产和供应业主营业务收入3.2万亿元,较2015年同期增长2.1%;采矿业主营业务收入2.6万亿元,较2015年同期下降0.1%。

从中小企业占比最高的制造业来看,主营业务除烟草制品业出现下降外,其余30个行业都呈现出增长态势,其中计算机通信和其他电子设备制造业、汽车制造业两个行业的增速超过10%,达到了15%和14.1%,在所有制造行业中排名前两位,而烟草制品业下降了3.7%。在收入占比方面,化学原料和化学制品业占比最高,达到了9.6%,紧随此后的农副食品加工业占比达到8.8%,非金属矿物制品业占比也达到了8.5%,3个行业合计将近占制造业中小企业主营业务收入的三成。

3.1.3 主营业务成本略高于主营业务收入增长

2016年全年,我国中小企业运营成本[①]达到72.2万亿元,占全部工业企业运营成本的63.3%,较2015年同期增长6.1%,全部工业企业运营成本增长4.8%,低于中小企业运营成本1.3个百分点。具体来看,在62.4万亿元运营成本中,中型企业运营成本为24.3万亿元,较2015年同期增长5.4%;小型企业运营成本为38.1万亿元,较2015年同期增长6.6%。从主营业务成

---

① 此章节运营成本指主营业务的运营成本。

本的角度来看，目前我国中小企业运营成本增幅不大，基本维持在一个稳定的水平线。2016年中小企业每百元运行成本约为86.4元，与2015年同期相比增长0.1元，具体如图3-3所示。

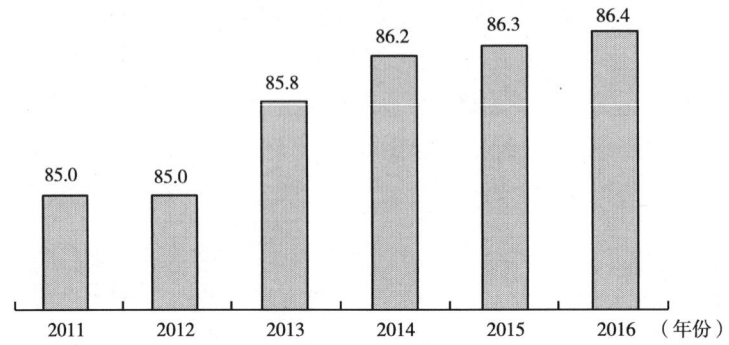

图3-3　2011~2016年中小企业每百元主营业务收入中的成本（元）

从不同地区这一角度来看，在我国中小企业运营成本72.2万亿元中，东部地区运营成本为41.3万亿元，占全国运营成本的57.2%，较2015年同期增长6%；中部地区运营成本为17.1万亿元，占全国运营成本的23.7%，较2015年同期增长9.3%；西部地区运营成本为10.4万亿元，占全国运营成本的14.4%，较2015年同期增长11.3%；东北地区运营成本为3.4万亿元，占全国运营成本的4.7%，较2015年同期下降18.1%。具体从全国31个省区市来看，29个省区市呈现增长趋势，有10个省区市增速超过10%，其中西藏、贵州和重庆3省区市增速更是超过15%，分别为19.1%、18.8%和17%；辽宁省和海南省较2015年同期出现下降，其中辽宁省较2015年同期下降39.4%，海南省较2015年同期下降0.8%。

3.1.4　利润总额稳步增长

2016年全年，我国中小企业实现利润总额为4.4万亿元，占全部工业企业利润总额的62.8%，较2015年同期增长6.2%，具体如图3-4所示。

从不同地区这一角度来看，在我国中小企业实现利润总额4.4万亿元中，东部地区实现利润总额为2.6万亿元，占全国实现利润总额的59.1%，较2015年同期增长7.8%；中部地区实现利润总额为1万亿元，占全国实现利润总额的 22.7%，较 2015 年同期增长 6%；西部地区实现利润总额为 0.6 万亿元，占全国实现利润总额的 13.6%，较 2015 年同期增长 8.6%；东北地区实现利润总额为 0.2 万亿元，占全国实现利润总额的 4.6%，较 2015 年同期下降 19.2%。具体从全国 31 个省区市来看，27 个省市呈现增长趋势，有 4 个省市增速超过 20%，其中青海、西藏、海南和新疆 4 个省区增速更是超过 20%，分别为 78.4%、50.3%、27.6% 和 26.4%；云南、辽宁、甘肃和黑龙江 4 个省出现了下降，其中云南、辽宁和甘肃 3 个省市下降趋势非常明显，分别下降了 69.7%、44.9% 和 28.6%，黑龙江省出现小幅下降，较 2015 年同期下降 0.7%。有 5 个省利润总额占比达到了全国实现利润的 5% 以上，分别为江苏、山东、河南、广东和浙江，其中山东和江苏占比超过 10%，分别为 13.2% 和 10.9%，这 5 个省合计利润超过全国实现利润的一半，达到 54.1%。

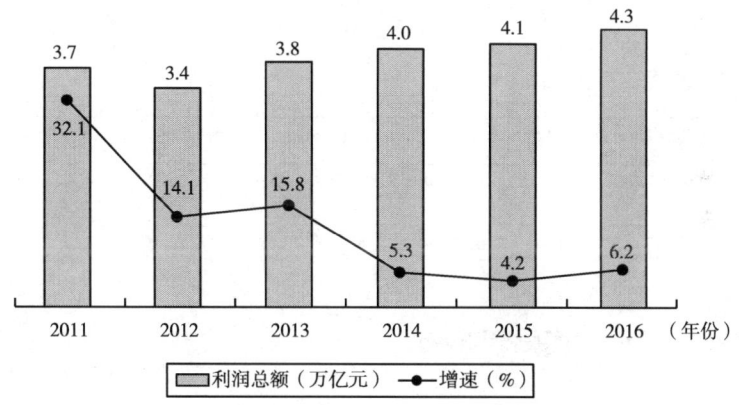

图 3-4　2011~2016 年中小企业利润总额及速度情况

3.1.5　中小企业亏损面收窄

截至 2016 年年底，全国中小企业户数共计 37 万户，其中，4.4 万户中小企业处于亏损状态，占全部中小企业的 11.9%，较 2015 年同期下降 1.2%。2016 年全年，中小企业共计亏损总额为 4473.9 亿元，较 2015 年同期下降 6%，具体如图 3-5 所示。

从不同地区这一角度来看，东部地区亏损率为 12.2%；中部地区亏损率为 7.4%；西部地区亏损率为 16.3%；东北地区亏损率为 17%。具体从全国

31个省区市来看，亏损率超过20%的省市共计13个，山西省中小企业亏损率最高，为37.2%，河南省中小企业亏损率最低，为4.1%。具体到亏损额，东部地区亏损额为2043.6亿元，占全国亏损额的45.7%，较2015年同期下降11.3%；中部地区亏损额为668亿元，占全国亏损额的14.9%，较2015年同期下降16.6%；西部地区亏损额为1426.8亿元，占全国亏损额的31.9%，较2015年同期增长9.7%；东北地区亏损额为335.5亿元，占全国亏损额的7.5%，较2015年同期下降5.6%。

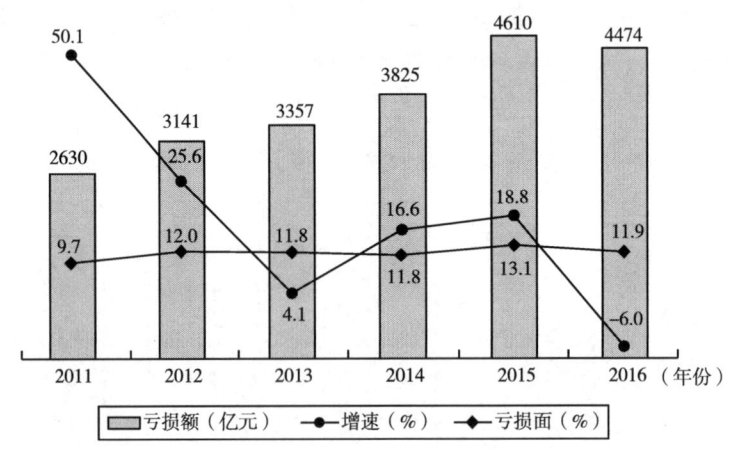

图3-5　2011~2016年中小企业亏损总额和亏损面变化情况

3.1.6　从业人员降幅收窄

截至2016年年底，全国中小企业从业人员达到6140.6万人，占全部工业企业从业人员的66.8%，较2015年同期下降1.6%，降幅比2015年收窄0.3个百分点。

从不同地区这一角度来看，在我国中小企业从业6140.6万人中，东部地区从业人员为3558.2万人，占全国从业人员的57.9%，较2015年同期下降2.3%；中部地区从业人员为1455.4万人，占全国从业人员的23.7%，较2015年同期增长1.1%；西部地区从业人员为846.8万人，占全国从业人员的13.8%，较2015年同期增长0.7%；东北地区从业人员为280.2万人，占全国从业人员的4.6%，较2015年同期下降12.4%。具体从全国31个省区市来看，11个地区呈现增长趋势，20个地区呈现下降趋势，其中青海、重庆、贵州、新疆和江西 5 个省区增速超过 2%，分别为 7.1%、6.2%、3.8%、3.1% 和 2.6%；辽宁、上海、西藏、黑龙江、吉林和北京 6 个省市降幅超过 5%，分别为 18%、6.9%、6.7%、6.3%、5.6% 和 5.2%。全国中小企业从业人员占比最高的 5 个省为广东、江苏、山东、浙江和河南，分别占 14.2%、12.1%、9.5%、9% 和 7.6%，这 5 个省合计中中小企业从业人员超过全国中小企业从业人员的一半。

3.2 支持中小企业发展的税收政策现状

3.2.1 增值税政策现状

根据现行增值税规定，将纳税人划分为一般纳税人和小规模纳税人，其中小规模纳税人适用简易征收政策（现行征收率为 3%）。同时，增值税也设置了起征点政策。按照增值税暂行条例和实施细则规定："纳税人销售额未达到国务院财政、税务主管部门规定的增值税起征点的，免征增值税；达到起征点的，依照本条例规定全额计算缴纳增值税。""增值税起征点的适用范围限于个人"，《关于全面推开营业税改征增值税试点的通知》（财税〔2016〕36 号）中也规定："个人发生应税行为的销售额未达到增值税起征点的，免征增值税；达到起征点的，全额计算缴纳增值税。""增值税起征点不适用于登记为一般纳税人的个体工商户。""增值税起征点幅度如下：（1）按期纳税的，为月销售额 5000～20000 元（含本数）。（2）按次纳税的，为每次（日）销售额 300～500 元（含本数）。"从上述规定可以看到，法律意义上的增值税起征点只适用于个人（个体工商户和其他个人），但不包括登记为一般纳税人的个体工商户。

在实践中，上述适用于个人的增值税起征点制度实际上范围有所扩大，即对属于小规模纳税人的企业和单位也制定了类似的政策。为了与起征点规定相区别，该政策称为"销售额未超限免征增值税"。从"销售额未超限免征增值税"可以看到，该规定实质上就是起征点政策，因而在以下的分析中，本书都使用"起征点"政策进行分析。

3.2.2 所得税政策现状

1. 小型微利企业的优惠税率政策

根据《企业所得税法》和《企业所得税法实施条例》规定：从事国家非限制和禁止行业并符合条件的小型微利企业，按20%的税率征收企业所得税。其中，小型微利企业的标准为：工业企业，年度应纳税所得额不超过30万元，从业人数不超过100人，资产总额不超过3000万元；其他企业，年度应纳税所得额不超过30万元，从业人数不超过80人，资产总额不超过1000万元，具体如表3-1所示。

表3-1　小型微利企业所得税减半征收政策的调整过程

序号	政策内容	政策依据
1	自2010年1月1日至2010年12月31日，对年应纳税所得额低于3万元（含3万元）的小型微利企业，其所得减按50%计入应纳税所得额，按20%的税率缴纳企业所得税	《关于小型微利企业有关企业所得税政策的通知》（财税〔2009〕133号）
2	自2012年1月1日至2015年12月31日，对年应纳税所得额低于6万元（含6万元）的小型微利企业，其所得减按50%计入应纳税所得额，按20%的税率缴纳企业所得税	《关于小型微利企业所得税优惠政策有关问题的通知》（财税〔2011〕117号）
3	自2014年1月1日起，对年应纳税所得额低于10万元（含10万元）的小型微利企业，其所得减按50%计入应纳税所得额，按20%的税率缴纳企业所得税	《关于小型微利企业所得税优惠政策有关问题的通知》（财税〔2014〕34号）
4	自2015年1月1日至2017年12月31日，对年应纳税所得额低于20万元（含20万元）的小型微利企业，其所得减按50%计入应纳税所得额，按20%的税率缴纳企业所得税	《关于小型微利企业所得税优惠政策的通知》（财税〔2015〕34号）
5	自2015年10月1日起至2017年12月31日，对年应纳税所得额在20万元到30万元（含30万元）之间的小型微利企业，其所得减按50%计入应纳税所得额，按20%的税率缴纳企业所得税	《关于进一步扩大小型微利企业所得税优惠政策范围的通知》（财税〔2015〕99号）
6	自2017年1月1日至2019年12月31日，将小型微利企业的年应纳税所得额上限由30万元提高至50万元，对年应纳税所得额低于50万元（含50万元）的小型微利企业，其所得减按50%计入应纳税所得额，按20%的税率缴纳企业所得税	《关于扩大小型微利企业所得税优惠政策范围的通知》（财税〔2017〕43号）

其后，为了进一步鼓励小型微利企业发展，国家又相继多次对小型微利

企业所得税政策进行了调整。自 2010 年 1 月 1 日起对小微企业的所得税优惠政策进行了相应的调整，即对年应纳税所得额低于 3 万元（含 3 万元）的小微企业给予所得减按 50% 计征的规定（简称减半征税政策）。其后，小微企业的年应纳税所得额的上限被连续调整多次。自 2012 年 1 月 1 日至 2015 年 12 月 31 日，年应纳税所得额上限提高到 6 万元；自 2014 年 1 月 1 日至 2016 年 12 月 31 日，年应纳税所得额上限提高到 10 万元；自 2015 年 1 月 1 日至 2017 年 12 月 31 日，年应纳税所得额上限提高到 20 万元；自 2015 年 10 月 1 日起至 2017 年 12 月 31 日，年应纳税所得额上限又进一步提高到 30 万元。

根据《关于扩大小型微利企业所得税优惠政策范围的通知》（财税〔2017〕43 号）规定：自 2017 年 1 月 1 日至 2019 年 12 月 31 日，将小型微利企业的年应纳税所得额上限由 30 万元提高至 50 万元，对年应纳税所得额低于 50 万元（含 50 万元）的小型微利企业，其所得减按 50% 计入应纳税所得额，按 20% 的税率缴纳企业所得税。小型微利企业的标准调整为：小型微利企业是指从事国家非限制和禁止行业，并符合下列条件的企业：工业企业，年度应纳税所得额不超过 50 万元，从业人数不超过 100 人，资产总额不超过 3000 万元；其他企业，年度应纳税所得额不超过 50 万元，从业人数不超过 80 人，资产总额不超过 1000 万元。

可以看到，尽管后续小型微利企业所得税的减半征收政策并没有降低 20% 的优惠税率，但政策实际执行的结果是将税率降低为 10%，因而本书仍将其作为优惠税率政策。

2. 小型微利企业的固定资产加速折旧政策

除了优惠税率政策，企业所得税对小型微利企业也给予了固定资产加速折旧方面的特殊政策。

一是根据《关于完善固定资产加速折旧企业所得税政策的通知》（财税〔2014〕75 号）规定，生物药品制造业，专用设备制造业，铁路、船舶、航空航天和其他运输设备制造业，计算机、通信和其他电子设备制造业，仪器仪表制造业，信息传输、软件和信息技术服务业等六个行业的小型微利企业自 2014 年 1 月 1 日后新购进的研发和生产经营共用的仪器、设备，单位价值不超过 100 万元的，允许一次性计入当期成本费用在计算应纳税所得额时扣除，不再分年度计算折旧；单位价值超过 100 万元的，可缩短折旧年限或采取加速折旧的方法。

二是根据《关于进一步完善固定资产加速折旧企业所得税政策的通知》（财税〔2015〕106号）规定，轻工、纺织、机械、汽车等四个领域重点行业的小型微利企业自2015年1月1日后新购进的研发和生产经营共用的仪器、设备，单位价值不超过100万元的，允许一次性计入当期成本费用在计算应纳税所得额时扣除，不再分年度计算折旧；单位价值超过100万元的，可由企业选择缩短折旧年限或采取加速折旧的方法。

三是缩短折旧年限的，最低折旧年限不得低于企业所得税法实施条例第六十条规定折旧年限的60%；采取加速折旧方法的，可采取双倍余额递减法或者年数总和法。

3.3 新旧中小企业促进法税收政策内容的对比及分析

2017年9月1日，第十二届全国人民代表大会常务委员会第二十九次会议对2002年通过的《中小企业促进法》进行了修订。新修订的中小企业促进法坚持发挥市场决定性作用，强化了政府扶持力度，着力解决中小企业面临的突出问题，在与现行法律政策良好衔接的同时，增强了针对性和可操作性，与时俱进，内容更广泛、更具体，前瞻性更强。在创业创新、市场开拓、服务措施等方面，新法也作了不少重要的补充和修改。

3.3.1 新旧中小企业促进法有关税收政策的比较

比较来看，新法中确定的税收政策内容更广，明确对符合条件的小微企业按规定实行缓征、减征、免征企业所得税、增值税等措施，这既涉及现行已经实施的有关小微企业的企业所得税和增值税优惠政策，也为实施新的税收政策提供了空间。新法还强调了简化税收征管程序的要求，通过政策和执行两个层面来减轻小微企业税收负担。

同时，新法对高等学校毕业人、退役军人和失业人员、残疾人员等创办小型微型企业、创业投资企业和个人投资者投资初创期科技创新企业享受税收优惠作出了规定，对中小企业固定资产折旧、研发费用加计扣除等作出了规定。此外,还对行政事业性收费减免优惠、减轻中小企业申请和维持知识产权的费用等负担作出规定,具体如表 3-2 所示。

表 3-2　　新旧中小企业促进法有关税费政策内容的比较

旧　法	新　法
第二章　资金支持: 第十二条　国家设立中小企业发展基金。国家通过税收政策,鼓励对中小企业发展基金的捐赠 第十七条　国家通过税收政策鼓励各类依法设立的风险投资机构增加对中小企业的投资	第二章　财税支持: 第十一条　国家实行有利于小型微型企业发展的税收政策,对符合条件的小型微型企业按照规定实行缓征、减征、免征企业所得税、增值税等措施,简化税收征管程序,减轻小型微型企业税收负担 第十二条　国家对小型微型企业行政事业性收费实行减免等优惠政策,减轻小型微型企业负担
第三章　创业扶持: 第二十三条　国家在有关税收政策上支持和鼓励中小企业的创立和发展 第二十四条　国家对失业人员创立的中小企业和当年吸纳失业人员达到国家规定比例的中小企业,符合国家支持和鼓励发展政策的高新技术中小企业,在少数民族地区、贫困地区创办的中小企业,安置残疾人员达到国家规定比例的中小企业,在一定期限内减征、免征所得税,实行税收优惠 第二十五条　地方人民政府应当根据实际情况,为创业人员提供工商、财税、融资、劳动用工、社会保障等方面的政策咨询和信息服务 第二十六条　企业登记机关应当依法定条件和法定程序办理中小企业设立登记手续,提高工作效率,方便登记者。不得在法律、行政法规规定之外设置企业登记的前置条件;不得在法律、行政法规规定的收费项目和收费标准之外,收取其他费用	第四章　创业扶持: 第二十四条　县级以上人民政府及其有关部门应当通过政府网站、宣传资料等形式,为创业人员免费提供工商、财税、金融、环境保护、安全生产、劳动用工、社会保障等方面的法律政策咨询和公共信息服务 第二十五条　高等学校毕业生、退役军人和失业人员、残疾人员等创办小型微型企业,按照国家规定享受税收优惠和收费减免 第二十六条　国家采取措施支持社会资金参与投资中小企业。创业投资企业和个人投资者投资初创期科技创新企业的,按照国家规定享受税收优惠 第五章　创新支持: 第三十二条　中小企业的固定资产由于技术进步等原因,确需加速折旧的,可以依法缩短折旧年限或者采取加速折旧方法 国家完善中小企业研究开发费用加计扣除政策,支持中小企业技术创新 第三十五条　减轻中小企业申请和维持知识产权的费用等负担

3.3.2　对新中小企业促进法中税收政策内容的分析

初步分析表明,对照现行已经出台的税收政策,新中小企业促进法中所规定的税收政策大部分都已经制定,只有少部分税收政策还有待进一步制定和明确。未出台的税收政策主要是:对符合条件的小型微型企业按照规定实行缓征企业所得税、增值税政策,以及对符合条件的小型微型企业在其他税种上给予缓征、减征、免征政策。但是，对于目前已经出台的税收政策，部分政策仍有进一步完善的必要性，具体如表3-3所示。

表3-3　　　　　新中小企业促进法中税收政策的出台情况

政策出台情况	政策内容
已出台的税收政策	对符合条件的小型微型企业按照规定实行减征、免征企业所得税、增值税
	高等学校毕业生、退役军人和失业人员、残疾人员等创办小型微型企业，按照国家规定享受税收优惠
	创业投资企业和个人投资者投资初创期科技创新企业的，按照国家规定享受税收优惠
	中小企业的固定资产由于技术进步等原因，确需加速折旧的，可以依法缩短折旧年限或者采取加速折旧方法
	国家完善中小企业研究开发费用加计扣除政策，支持中小企业技术创新
	对符合条件的小型微型企业按照规定简化税收征管程序
尚未出台的税收政策	对符合条件的小型微型企业按照规定实行缓征企业所得税、增值税
	对符合条件的小型微型企业按照规定实行缓征、减征、免征其他税种

3.4　支持中小企业发展的金融政策现状

近些年，为解决中小企业融资难这一主要矛盾，相关部门配套出台了一系列政策，效果逐步显现。

3.4.1　支持商业银行进一步改进中小企业金融服务

商业银行要继续深化利率的风险定价机制、独立核算机制、高效的贷款审批机制、激励约束机制、专业化的人员培训机制、违约信息通报机制，按照小企业专营机构单列信贷计划、单独配置人力和财务资源、单独客户认定与信贷评审、单独会计核算原则，进一步加大对小企业业务条线的管理建设及资源配置力度，满足符合条件的小企业的贷款需求，努力实现小企业信贷投放增速不低于全部贷款平均增速。积极探索小企业贷款模式、产品和服务创新，根据小企业融资需求特点，加强对新型融资模式、服务手段、信贷产品及抵押方式的研发和推广。督促商业银行进一步加强小企业专营管理建设，鼓励商业银行新设或改造部分支行为专门从事小企业金融服务的专业分支行或特色分支行。对于小企业贷款余额占企业贷款余额达到一定比例的商业银行，在满足审慎监管要求的条件下，优先支持其发行专项用于小企业贷款的金融债，同时严格监控所募集资金的流向。

3.4.2 促进融资性担保行业规范发展

针对融资性担保行业基础薄弱，缺乏监管等问题，出台相关指导意见，加快推进融资性担保机构体系、法规制度体系、扶持政策体系和行业自律体系建设。在有效控制风险的前提下，鼓励融资性担保机构积极开发新业务、新产品，提高服务质量和效率。鼓励融资性担保机构从事行业性、专业性担保业务，提高风险识别和管理能力，形成自身专业优势和独特竞争力。鼓励规模较大、实力较强的融资性担保机构在偏远地区开展业务。积极鼓励民间资本和外资依法进入融资性担保业，增强行业资本实力，促进市场竞争，满足多层次、多领域、差别化的融资担保需求。加强融资性担保行业自律组织建设，充分发挥行业协会在规范经营行为、加强自律管理、开展教育培训、实现行业信息共享等方面的重要作用。

3.4.3 加强中小企业信用担保体系建设

近年来，为进一步缓解中小企业融资难这一问题，国家有关部门制定了一系列政策，要求各地要重点加强中小企业信用担保体系建设。目前，我国中小企业信用担保机构发展主要呈现出以下特点：一是户数减少，实力增强，结构实现优化。二是信用放大功能和服务能力明显提高。三是过亿元担保机构增加明显，作用突出。四是地县级担保机构为主体，以小企业为主要服务对象。五是风险控制能力较强，社会效益显著。

第 4 章

目前我国中小企业发展存在的问题

"十三五"时期，我国将面临更为严峻的国际局势变化，以及国内经济增速放缓、自身比较优势弱化、资源环境制约加剧、潜在风险矛盾加大等多重挑战。同时，在诸多挑战情况下，也面临着产业技术变革、国内消费激活、对外开放升级、转型发展先行等有利的发展机遇。

4.1 支持中小企业发展的扶持力度有待加强

我国中小企业的财税扶持力度有待加强，主要体现在以下几个方面。

4.1.1 财政扶持政策力度偏弱

目前我国扶持中小企业发展的财政政策普惠性不高、PPP项目运营尚处于起步阶段不够成熟、中小企业产业基金存在局限性等问题都导致了财政政策效率不高的不利后果。

1. 部分财政扶持政策达不到普惠性的作用

调研显示，很多中小企业不知道政府出台的财政扶持政策，部分中小企业不知道从哪个渠道可以获取政府信息，还有部分中小企业认为自身不可能获取补贴资金，从而不关心政府有关扶持政策的发布。在实际操作上，由于部分中小企业特别是微型企业本身管理上的缺陷，无法提供规范的财务数据等，往往无法达到获取财政补贴资金的资格。我国的中小企业量大面广，如果采取传统的对企业进行财政补贴的方式，政策的执行成本过高，要设计普惠性的中小企业财政扶持政策存在较大难度。

2. 支持中小企业的 PPP 项目扶持不够

目前，我国在推广运用 PPP 模式上尚处于起步阶段，运用领域局限于高速公路、城市道路、垃圾处置、污水处理等基础设施和公共服务等，直接服务于中小企业创业创新的公共产品和服务仍以政府提供为主，支持中小企业发展的 PPP 项目不足。

3. 中小企业产业基金存在局限性

一些城市设立的政策性产业基金实行所有权、管理权和托管权相分离，采取市场化运作、专业化管理的模式，政府本身不干预基金管理团队具体项目的选择和决策。市场化运作的特性决定了其对于解决优质的、具有良好发展前景的中小企业的融资难问题具有积极意义，但对于缓解大量传统的、发展平稳的中小企业的融资难问题则作用有限。

4.1.2 政府采购亟待扩面增量

我国政府采购力度不够，需要拓展覆盖面，扩大供给量，主要体现在以下两个方面：首先，采购人落实扶持政策的意愿较低。由于节约资金不是采购人的主要目标，同时落实支持中小企业政策并不为采购人带来任何好处，因此采购人对中小企业的产品和服务存在不信任感、排斥感，落实政府采购政策扶持中小企业的意愿低；其次，支持中小企业政策的强制性不够。政府采购支持中小企业政策目前还停留在部门的联合发文，政府采购法及其实施条例都没有作相应的规定，如果采购人不落实，也没有相应的强制性措施。

4.2 中小企业在享受财税优惠政策上存在的问题

根据相关调研，目前中小微企业在享受财税优惠政策上的诸多问题，总结起来主要有以下几类情况。

4.2.1 优惠政策制定环节的问题

优惠政策制定上存在的主要问题是：优惠政策制定的门槛高、条件严格，且部分政策缺乏配套的操作细则，修改和更新缓慢，可操作性差，企业出现无法适用或难以申请的情况，导致政策落实不到位，优惠政策被认为是"优"而不是"惠"。

（1）政策制定门槛过高，条件严格，企业难以适用。

一是普惠金融发展专项资金管理办法中规定，创业担保贷款贴息及奖补政策要求：除助学贷款、扶贫贷款、首套住房贷款、购车贷款以外，个人创业担保贷款申请人及其家庭成员（无论是否还清）。要求严格，创客在5年内有分期付款购买收集，都无法申请创业担保贷款。二是部分地方制定的技改补贴政策，在2016年要求固定资产投入300万元，2017年提高到500万元，门槛过高。

（2）部分优惠政策过于原则，缺乏配套制度，可操作性不强。

一是工信部组织的"制造业单项冠军产品"评审，将"单项产品占有率位居全球前三""生产技术工艺国际领先"列为申报条件，企业不知由谁出具认证报告，才能规避虚假申报风险。二是宁波一企业在申请成为区级"双创"企业时，相关申请材料分别返工2次、补交3次。三是上海人才落户政策规定缺乏操作细则，受理窗口政策解释权和裁量权过大，由于企业申请与窗口解释不一致，申报材料被退回。

（3）部分政策更新滞后于行业发展，获益企业范围窄。

一是根据软件企业认定管理办法规定，OFO等互联网企业虽然在软件开发上投入大量费用，但因为不直接从事软件产品销售及相关服务，无法享受优惠。二是环境保护专用设备企业所得税优惠目录，节能节水专用设备目录自2008年发布至今未更新，覆盖设备目录窄、能效标准滞后；例如，节能节水设备10项能效标准已滞后于国家现行标准，其中9项已更新，1项已废止；环境保护专用设备目录仅含水污染、大气污染等5类19项设备，未覆盖土地污染、水土流失等设备。自提交创业担保贷款申请之日起向前追溯5年内，应没有商业银行其他贷款。

4.2.2　优惠政策发布环节的问题

优惠政策发布环节存在的主要问题是：优惠政策缺乏统一的发布平台，发布渠道分散，企业获取优惠政策信息的渠道不够畅通。企业不能及时获得优惠政策信息，影响到政策申请。

（1）缺乏统一的政策信息发布平台。企业主要通过部门网站、发送邮件和文件方式了解优惠政策；由于现行财税优惠政策涉及多部门，缺乏统一的政策信息发布平台，企业只能逐一咨询或自行查找合适的政策，导致企业无法全面了解各类优惠政策信息。网上各类服务平台的信息庞杂，企业难以准确查询，并获取及时、有效的信息。

（2）企业了解政策信息不及时。企业的优惠政策知晓率低，以及对税收优惠之外的补贴优惠政策不清楚。企业不能及时知晓优惠政策，影响到优惠申报。同时，部分政策时效性强，企业了解到时可能已错过申报期限。

4.2.3　优惠政策认定环节的问题

在中小企业的营业税优惠政策执行中，以营业额作为判断免税的单一条件，会导致营业额临界点上下的税负跳动，纳税人出于避税目的，愿意人为调节或隐匿营业收入，会影响税法执行的公平和公正。目前纳税人对这一问题反映较为强烈，已成为基层征管落实的难点。在中小企业的所得税优惠政策执行中，判断小型微利企业的条件包括资产总额限制，但核定征收企业所得税的纳税人普遍存在账证不全、部分资产凭证缺乏等现象，如何准确判断中小企业的资产总额是基层税务机关在操作中的另一难题。

4.2.4　优惠政策申请环节的问题

优惠政策申请环节存在的主要问题是：申请流程复杂，申请手续不够简约；申请渠道分散；申请启动时间不合理；申请成本偏高，企业有可能因为程序复杂或成本过高，难以享受优惠或放弃优惠，部分政策只能"锦上添花"无法"雪中送炭"。

（1）申请流程复杂，申请手续不够简约。

一是需递交的申报材料繁复。例如，有企业为申请2017年高新技术企业，公司仅打印、复印研发费用及高新技术产品收入等凭证就用了1.2万张A4纸；小微企业申请减免税备案，需填报的表单及附列资料有9种之多；企业申请技改补贴，也需要8大类10余项材料用于初审。

二是一些申请手续较为烦琐。部分优惠政策因多部门审批，需多次提交申请材料。例如，资源综合利用退税政策：现场查验、合格后再提交纸质申请和相关材料；环境治理费用补贴：环评验收合格，报多部门审批；出口退税：因总公司、生产商和贸易商不在同一地区，函调手续烦琐，工作量大；认定研发费用加计扣除、小微企业所得税优惠，提交材料较多或需多次提交；2016年固定资产折旧所得税优惠政策，有很多企业因为手续烦琐放弃申请。

三是部分申请条件确定不合理。部门政策相互脱节，导致企业难以满足申报条件。例如，在申请城镇土地使用税减免备案上，要求企业在每年1月31日前递交上一年度的残疾职工社会保险记录等材料，而人社部门最早在每年2月份才能打印相关社会保险记录，导致企业无法完成税收减免备案；在政府采购优惠上，要求主管部门出具小微企业认定证明，而小微企业只有划分标准，无认定部门，企业难以享受优惠。

（2）申请渠道分散。

一项政策、两层申报平台，企业受反复提交材料之苦。申请认定高新技术企业，企业需要将全部信息资料输入国家高新技术企业认定管理工作网站，之后再登录省科技厅网站重复提交材料，时间上需要一周。

（3）申请启动时间不合理。

主要是申报启动流程过长，留给企业准备材料的时间过短。部分优惠政策由部委、省、市、区县相关部门逐级下达并层层上报，留给企业准备申报材料的时间过短。例如，工信部及财政部于2017年5月24日联合下发《关于发布2017年工业转型升级资金工作指南的通知》（工信厅联规），省工信委、财政厅于5月27日转发通知，申请截止时间为6月1日。地方发文也有类似的情况，留给企业的时间只有2~4天。

（4）申请成本偏高。

因为申报流程复杂，申报材料多，企业需支付高昂费用编制各类报告。例如，大部分资金扶持政策需要企业先提供可行性研究报告，需要花费几万元成本，而补助能否获得不确定，初创企业放弃申请；企业聘请中介机构协助申请的费用高。部分企业支付中介费用过高，如企业申请 30 万元补贴，支付 14 万元的中介费，约为 50%。

4.2.5 优惠政策审批环节的问题

优惠政策审批环节存在的主要问题是：审批时间和周期过长，政策优惠到位不及时，优惠政策惠企效果大打折扣。

（1）审批时间和周期过长。

在财税政策申请获批的时间上，最快的 15 天、最长的超过 1 年，大部分为 3 个月左右。例如，申请 2016 年国家农业综合开发产业化经营项目补贴耗时 1 年 3 个月；地方申请减免城镇土地使用税历时 1 年。

（2）政策优惠到位不及时。

申请办理退税或补贴的到位时间长。例如，软件企业增值税即征即退，不能做到即征即退，税款需要上缴 2~3 月，退税周期长，影响企业资金周转。企业所得税减半征收：年终汇算清缴才能确定减免税额，每季度需要预缴，多缴纳的税款可用于缴纳下季度税金或进行退税，但退税需填写一系列表格并报批，退税到位时间长。此外，申请各种补贴优惠（多项专项资金补贴）的资金到位时间长，在多个例子中都需要有 1 年及 1 年以上时间。

4.3 现行中小企业税收征管存在的问题

4.3.1 对中小企业重视程度不高

目前，组织收入仍实行指令性计划，特别是地方政府对收入计划的指令性更强，这导致了基层税务机关重视大中型企业，对组织收入效果明显的给予重点关注，在基层税务机关基本均成立了重点税源管理所，以北京市国家税务局为例，重点税源管理所组织收入占地区组织收入的 75% 以上，但是企业数量不足 5%，北京市海淀区国家税务局共有 8 个税源管理所，其中有 3 个税源管理所专门用来管理重点税源企业，由此可见基层税务机关对重点税源企业的重视。而对于单户税收收入贡献较小的小型微利企业重视程度不高，目前基层税务机关涉及中小企业的工作仅限于上级税务机关对中小企业税收优惠普及面的督查。这也就造成了对中小企业的纳税服务管理有所弱化，缺少专门针对中小企业的纳税服务机构。

4.3.2 纳税服务不到位

目前，我国中小企业纳税人数量众多，多数中小企业并没有专门设立财务部，人员结构简单，一方面，很多中小企业对税收政策与办税流程不了解，这样增加了纳税人咨询政策的时间与经济成本；另一方面，咨询渠道不甚通畅也是目前存在的客观事实，作为纳税服务的12366热线经常存在不能接通或等待时间过久的问题，税务局的网站信息不足、更新慢，申报软件经常出现登录不了的问题，"办事难、摸不到头脑"成为很多中小企业现实问题。

4.3.3 财务核算制度不健全

受经济性质和规模所限，中小企业经营者特别是小微企业在经营理念、财务管理水平以及对税法的遵从度方面与大中型企业相比都有较大的差距。目前绝大多数的中小企业没有专门的税务部门甚至没有财务部门，有的新成立的企业还采取中介机构代理记账的方式，账务处理过程相对简单。而由于中介机构的素质参差不齐，使得很多小型微利企业的财务管理制度与核算情况不规范，并不能反映企业真实的经济活动。

4.3.4 税务备案申报手续烦琐

根据税收征管法的规定，所有企业都要依照固定的纳税方法、手续、时间、程序进行纳税申报，包括中小企业。首先，在增值税申报时需要提交《增值税纳税申报表（小规模纳税人适用）》《增值税纳税申报表（小规模纳税人适用）附列资料》《增值税减免税申报明细表》等表格，这些表格之间存在严格的逻辑勾稽关系，这在一定程度上对中小企业的财务核算进一步提高了要求。其次，如果中小企业申请企业所得税的减免也需要经过烦琐的审批备案手续，有些企业甚至为此放弃了税收优惠；最后，根据目前税务机关的征收习惯，自发生时一年内的留抵税额一般会结转下期继续抵扣进项税额，而非办理退税，即便是可以退税的项目在履行退税手续时面临层层审批，这使得中小企业在此期间一直不能取得退抵税额，造成资金的挤占，影响企业的现金流。

4.4 中小企业融资难仍旧是制约发展的瓶颈

目前，我国中小企业融资难的问题主要集中在企业有效信贷不足，不良资产反弹压力高，企业资金链担保风险高，逃废金融债务严重等方面。

4.4.1 中小企业有效信贷需求不足

当前我国中小企业多以低端制造业为主，低、小、散的块状经济结构，民营企业长期低水平重复竞争，核心竞争力和创新能力不足，对出口依存度高。在"三期叠加"的新常态下，企业因自身产业结构、层次的缺陷，受到冲击影响更为沉重，不仅面临内外需不旺的形势，还处于去产能、去杠杆、去库存的"三去"的痛苦过程中，企业普遍出现订单不足、效益下滑、资金链紧张等问题。

4.4.2 中小企业"贷差"和不良资产反弹压力持续加大

受国际、国内金融经济形势和产业结构调整等政策影响，中小企业经营效益下滑状况日益显现，对银行信贷资产质量形成巨大压力，辖区银行业不良贷款率同步出现反弹。以宁波市为例，截至2015年9月底，宁波辖区银行业金融机构本外币不良贷款余额为380亿元，较年初增加87.65亿元，不良贷款率2.45%，较年初提高0.44个百分点。其尤以中小型民营企业信贷风险较为突出。另外，在不良贷款反弹，区域经济和信用环境变化的形势下，上级银行政策和异地资金流向可能发生变化，我国银行业支持中小企业的资金来源面临压力。由于目前银行业整体存贷比处于一个较高的水平，而区域资金平衡依托于总行政策倾斜和异地资金持续流入，"贷差"进一步扩大，制约了银行的放贷能力。

4.4.3 中小企业资金链担保链风险较高

目前对我国一些城市调研发现,一些城市企业资金链、担保链风险仍然较高,并且有复杂化趋势。据调研不完全统计,部分城市不良贷款中,保证担保的占比达到50%,远高于所有贷款中保证担保的比例,说明担保圈风险呈高发态势。另外,在调研时还发现,目前一些城市企业贷款中,采用保证担保方式的超过40%,规模以上工业企业账面负债率高于65%,民营企业比例还更高。企业一旦出现还贷困难,银行往往就直接向担保人追偿、保全,导致原本自身经营正常的企业因担保债务无力偿还,甚至因此破产倒闭。

4.4.4 中小企业逃废金融债务情况严重

由于中小企业逃废债手段的不断翻新,如一些贷款企业主要通过注册成立新公司,将设备、存货、应收款以及客户资源、销售渠道等转到新公司继续生产,原借款公司仅剩一个空壳,没有可供执行财产。新公司因为没有财务成本,其产品反而能够以低于正常经营企业的价格销售,影响正常经营企业的市场,造成了极坏的示范效应。在部分联保、互保贷款中,主债务人通过转移资产等方式逃避了银行债务,本人仍然开豪车、住别墅,过着奢侈的生活,而正常经营的担保人却受到牵连,引起担保人心理失衡,部分担保企业由此也开始转移财产,逃避担保责任。

4.5 其他制约中小企业发展的问题

4.5.1 国际与国内经济形势的不利影响

从宏观层面分析,国际金融危机、投资贸易规则重构、大宗商品价格低位徘徊、美元步入强势周期等都会对中小企业的发展带来不利的影响;同时,纵观国内经济形势,经济下行压力增大、经济结构调整进入攻坚阶段也会对中小企业的可持续成长带来冲击,但总体而言,对于中小企业而言,动荡与改革中孕育着希望,挑战与机会并存。

(1) 国际经济形势分析。

从国际环境来看,一是战略机遇期的内涵发生重大变化。国际金融危机前,我国的战略机遇主要表现为海外市场扩张和国际资本流入,要力争抓住发展机遇,充分发挥各地的区域优势,如沿海城市可以依托沿海开放优势逐步建成现代化国际港口城市。国际金融危机后,全球进入了总需求不足和去杠杆化的漫长过程,全球经济在分化中艰难复苏,我国的战略机遇则主要表现为全球产业分工大调整和国际基础设施投资机会,我们需要着重把握在发达国家呈现出的技术并购机会,实现传统制造业转型升级。二是国际投资贸易规则面临重构。美国主导推动跨大西洋贸易与投资伙伴关系协定(TTIP)谈判,欧盟积极通过 TTIP、欧盟—加拿大 FTA、欧盟—日本 FTA 等协定谈判,纷纷构建以自身为核心的跨区域贸易体系。主要发达国家还积极推动服务贸易、信息技术等专业性贸易协定谈判,扩大技术性贸易壁垒。区域合作的兴起、新游戏规则的出现必然抬高我国参与国际竞争的进入壁垒和交易成本。一些沿海城市作为外向度较高的沿海城市,既面临着在更高层面参与国际竞争的历史机遇,也面临着加快推动外向型经济转型发展的巨大压力。三是全球大宗商品价格在震荡中低位徘徊。"十三五"时期,以石油为代表的全球大宗商品供大于求的现状难以扭转,一方面是美国页岩气和致密油资源开发技术实现突破并得到大规模应用,石油、天然气以及乙烯等化工产品的产量大大提高,美国能源自给率有望在 2020 年提高至 85% 左右;另一方面,新兴市场国家经济复苏缓慢,对大宗商品的需求量大大下降。全球大宗商品市场的变化将对我国石化产业发展格局和进口形势带来非常大的市场变数和外部冲击。四是美元步入强势周期导致全球资金大洗牌。随着美国经济持续全面复苏和美联储货币政策转向,无论从现实基础还是历史趋势来看,美元在"十三五"时期都将步入强势周期,全球流向新兴经济体的资本将减少,甚至回流美国。国际金融协会统计显示,自 2014 年 6 月至 2015 年 7 月底,19 个最大的新兴市场经济体资金流出总量达 9400 亿美元,相当于 2008 年金融危机时三个季度 4800 亿美元流出总量的近一倍。中国央行统计口径显示,截至 2016 年年末,外汇占款增量持续低迷。美元升值和跨境资本流动,将大大增加新兴市场国家债务违约风险,给全球经济复苏蒙上阴影。

(2) 国内经济形势预判。

从国内环境来看,一是面临新一轮开放格局大调整的战略机遇。为构筑对内对外开放新格局,我国在国际上提出实施以丝绸之路经济带和 21 世纪海上丝绸之路经济带建设为标志、以加快双边自由贸易协定谈判为主要形式的全方位对外开放战略,在国内提出加快建设长江经济带,以"黄金水道"统筹东中西协调发展。在新一轮开放格局大调整中,必须要积极争取、主动融入,以"港口经济圈"建设为战略统筹,参与"一带一路"倡议实施和长江经济带建设,实现与沿带、沿路、沿江城市更大范围、更高层次合作。二是经济增长动力在阵痛中逐步转换。今后一段时期,我国经济仍受增长速度换挡期、结构调整阵痛期和前期政策消化期的影响,去产能、去泡沫、去杠杆的结构调整任务艰巨,人口红利逐渐弱化,依靠投资驱动增长的空间越来越小,经济增长将更多依靠消费增长、科技创新和智力资本。党的十八届三中全会对全面深化改革作出总体部署并在强势推进,我们要紧紧抓住深化改革、创新驱动和新型城镇化三大战略机遇,积极探索、先行先试,在保持经济稳定增长的同时,实现增长动力提质增效和创新转型。三是城市间竞合关系日趋深化。随着京津冀、长三角等城市群战略的实施,城市间交通互连、产业合作、要素对接等意愿加强,区域一体化和协同发展深入推进。但随着改革深入推进,城市间围绕试点政策、规则标准、创新要素、未来产业等高端资源的争夺将更加激烈。

4.5.2　中小企业创新发展能力亟待提升

目前,我国中小企业很多从事的都是传统行业,缺乏转型升级的积极性,受到各种资源要素制约,创新能力亟待提升。一些企业核心技术的研发能力不强,企业专利申请多数是实用型或外观型的,发明专利少,特别是关键技术、核心技术少,未形成规模性的拥有自主知识产权的主导产业。同时,一些企业缺乏创新意识,创新投入明显不足,由于中小企业的资金和发展限制,研发投入难有保障,政府引导性投入效应难以对量大面广的中小企业发挥作用。这也导致中小企业创新发展型人才匮乏,吸引人才的手段较少,吸引力相较国企或者大型企业有一定的差距,难以吸纳大量的高新技术人员,缺乏高素质的技术带头人、学术带头人和创新型企业家队伍。

4.5.3　中小企业人力资本增值压力亟待缓解

调查显示,人力成本成为企业尤其是中小企业最大的压力来源之一,中小企业的用工难用工荒，制约了中小企业的发展。一是人力资源随经济情况不断流动，当国外发生金融危机时，我国的出口贸易容易受到影响，沿海城市的中小企业受到的冲击较大，企业工人迫于生计，离开原来企业，逐步向内地迁徙，这就直接导致了沿海城市招工缺口的出现，而这种人员的流失在一段时间内不会出现回流。二是对于高级技术工人的需求旺盛。随着企业规模的不断扩大，对工人的需求逐渐增大，但中小企业的薪酬待遇普遍比不上大型企业，高级技术工人的待遇更是差得比较多，很难吸引优秀的技术工人加入，导致中小企业往往缺乏高级技术工人。三是缺少高级管理人才。中小企业对于管理人才的缺乏是比较严重的，有管理经验的企业高级管理人才很少去中小企业，大多选择大型企业。

第 5 章

财政支持中小企业发展的必要性

伴随我国经济的腾飞,中小型企业对国民经济发展的重要性日益突出,为各个行业的发展作出了重大的贡献。如今,随着经济全球化趋势日益明朗,中小企业能否走上长期稳定健康发展道路,在很大程度上决定了我国可持续性发展目标能否实现,因此相关部门必须为此类企业的发展提供有力的财政方面的支持,针对中小企业制定并实施具有指导性意义的财政政策,从普适性支援开始朝向结构差别性支援方向发展,重视并挖掘中小企业的发展力潜力,有效地发挥其在经济、科技和解决就业等方面的功能,旨在推动国民经济可持续发展。

5.1 中小企业发展过程中存在市场失灵

在如今的市场经济背景下,中小企业的各种经营活动,均以自主为主,逐步摆脱了市场机制的约束。市场是中小企业定位的依据,企业的运营需要从市场中采集信号,能够在一定程度上决定价格和供应量;然而,考虑到"市场失灵"情况不可避免,因此,造成中小型企业发展过程中的某些问题,仅仅依靠市场机制本身难以完满解决。例如,与大公司垄断地位相比较,中小型企业由于资金有限,因此,通常整体规模较小,人才方面比较缺乏,导致技术方面较为落后,配套服务不能跟上发展要求等问题的出现。因此,令其成为市场竞争中的劣势企业;这些特征令中小企业在科技开发中的投入不足,不过在外部属性上较强;中小型企业缺乏有价值的信息用作市场信息交换,因此,导致其和优质公司间存在信息不相对称的情况,企业的经济行为极易出现自发与盲目性;大部分的中小企业信用水平较低,处于成长期的中小企业容易遭遇"株连性"影响,有一定融资困难,抑或需担负较大资金成本支出。通常而言,中小型企业在发展的过程中碰到的"市场失灵"状况主要如下:

5.1.1 中小企业发展所需公共产品缺失

基于中小型企业本身缺乏对社会化服务机制一类的公共产品投入的主动与积极性。这就造成其所享有的这些公共产品也只能通过政府的宏观调控,政府在这个过程中发挥财政政策供给公共产品职能,参与至中小型企业社会化服务机制创建中,中小企业只能被动接受。

最近几年,国内中小型企业的运行的实践显示,中小型企业成长和发展的社会服务机制仍然有待完善,急需政府给予更多引导与支持,进而创建一个良好运转服务机制,只有这样,中小企业才能更顺利、更健康、更长久地发展。

5.1.2 外部性对中小企业发展的影响

在国内,很多新型的科技都是由中小企业研发出来的,是国家科技创新的主力军。企业的创新成果,对于提升社会科技水平有着重要的作用。

中小型企业的科技创新表现出很多的特征,外溢性和排他性即为其中之二,资本支出属于庞大数据,而科技型中小企业往往拿不出这么多资金,于是造成其创新产品出现"搭便车"的情况。甚至其技术很容易以公共产品方式被资金更加充裕的公司获取,进而大批量生产并占领市场先机。为了避免外溢造成的损失,中小型企业通常会根据收益准则,降低外溢性项目的投入,将有限的资本置于见效更快,具有较高内部收益的项目中,因此导致其创新能力更加不足。

中小型企业科技创新因为外部的影响出现市场调节失灵的问题,而只得寄希望于政府伸出援手。财政的公共性特征,可以处理中小型企业科技创新外溢性问题。在特定财税支持政策之下,供给一定公共产品,比如科技创新服务平台等，采取经济学家庇古所提到的给予有正外部效应单位补贴模式，政府提供一定的资金，为企业研发项目投资提供担保等服务，并通过针对性的税收政策指引社会投资，让中小企业能专心科研，从而创造更大的社会价值。就融资市场来说，基于市场资金供给量不变的情况，大型公司占据的份额较多，而中小型企业所占份额相对较少。如此在资金配置时，在某种程度上会影响中小型企业的外部经济效益，进而造成中小型企业缺乏进行生产运营所需资金。因此，政府透过注资形式，专门针对中小型企业进行的政策性银行和信用担保机构，丰富中小企业的融资渠道，使其有更充分的资金去应对市场失灵的问题。

就现状来看，国内相当一部分的中小企业尚处于粗放式经营阶段，整体技术水平较低，资源利用率低等情况随处可见，给国内社会与经济可持续发展增添了更大的压力。鉴于此，除了采用法律法规等方法之外，适当运用一些经济手段势在必行，进而起到限制部分中小型企业在发展时出现的负外部效应。如，通过财政政策的补贴，引导中小企业购买更多的环保设备，降低生产过程和产品对环境的污染；大额征收环境税，严厉地惩处严重危害环境的中小型企业，达到培优汰劣，进而促使社会、经济及环境得以协调可持续发展。

5.1.3 大企业的垄断行为

垄断为某些大型公司使用各类壁垒，于市场活动过程中对中小型企业予以排他性控制。现阶段国内的大公司因为自然、历史及政府许可等多方因素，在宏观经济中扮演着主导者的角色，为了在资源、商品方面达到排他性控制目的，进而造成大公司垄断市场的情况出现。

相对大公司而言，中小公司于产品、设备以及资金、管理等方面都处在弱势的地位中，在获得赢利和抵抗市场风险上表现出能力不足的问题。因此，通常不具备和大公司的竞争能力，大公司完全可充分利用自身的垄断地位，迫使中小企业接受非平等的地位，采取各种排他性的措施，牢牢把控商品价格以及资源。如果政府不干涉，仅凭借市场的自由调节作用，那么，势必造成资金、技术与人才等各类生产要素流向垄断型的大公司，造成中小型企业在市场竞争过程中处在更为不平等地位，最终遭到市场淘汰。

5.1.4　中小企业发展存在的信息不对称问题

对大公司来说，尤其是一些资金雄厚、信誉良好的上市企业，其经营、财务状况透明程度更高，方便金融机构采集其信息；相比之下，银行必须花费更高的成本去了解中小企业贷款者的各方面的信息。出于避免资产质量降低、防范风险、资金安全等方面的考虑，银行往往都会倾向于将资金贷给大企业，尽管中小企业的发展潜力可能相对更高。因此，基于规避风险的想法，不想充分考察中小企业，而是将其视作不受欢迎的对象，导致信息不对称问题的出现，进一步引发"市场失灵"。另外，考虑到"麦克米伦缺口"的存在，中小企业即便能够获得资金，但由于资金迟迟不到位，将导致其错失重要的发展机会，多数企业很难由商业银行等金融机构获得贷款，导致融资困难一直存在。

在信息不对称引发商业银行和金融机构缺乏供应中小型企业的资金下，政府可通过政策性融资或财政担保等手段，降低中小企业的融资风险，满足成长型中小企业的发展需要。

5.2　发挥财政促进经济稳定发展职能

在如今的市场经济环境下，财政调控的主要作用是提高资源配置和收入分配合理性，促进社会更加稳定的发展。财政的意义在于优化配置社会资源、鼓励企业发展、推动国家经济良好发展。因此，世界范围内，各国向来重视发挥财政在盈造公平环境，提高整体社会福利方面的功能，进而达到经济持续稳健发展目的。

中小型企业为经济活动中非常主要的一支力量，对促使资源科学配置、经济稳步增长、收入分配和就业增加方面，都有着十分重要的作用，不管是政府的经济增长抑或发展战略，其构成部分都少不了中小型企业。不过随着各个行业竞争逐渐走向白热化阶段，受到多种因素的影响，中小企业难以摆脱不利的地位，其发展存在较大风险。在某一微观群体发展过程中面临较多市场无法解决的共性难题之下，要求政府采用某些政策与举措去进行干涉与扶持，来确保中小型企业和社会经济各个方面得以协调发展，创建稳健社会经济基础，此亦为国内市场经济发展和公共财政建设的经验之所在。

基于我国市场经济体系还不健全，现代中小型企业发展历史不长，中小型企业在运转实践中要比别的市场经济国家面临更多的困扰，由于我国中小型企业发展的时间较短，还存在家族式粗放管理、技术落后等众多问题。

公司信用度不高以及专业发展水平低下等；从另一种视角来说，社会观念与监管体系以及政策里面仍旧存在很多阻挡中小型企业前行的因素，比如市场门槛过高、市场秩序不够有序、融资渠道窄、管理与服务机制不完善等。此类问题倘若得不到行之有效地处理，国内中小型企业就得不到平稳发展，此亦为国内市场经济运行下所面临的主要课题。

在当前我国转轨发展过程中，公共财政不仅具备一般财政功能，亦须联系国内社会和经济发展状况，有效发挥特定历史时期的特殊功能。通过拟定各类财政和税收政策，推动体制和机制的健全化，为中小型企业提供更加良好的公共服务。

不断改善中小企业发展环境，为其长期稳定健康发展奠定更加扎实的基础；引导此类企业朝向专业方向发展，使其从大企业竞争者的角色过渡到协助者角色上，促进企业研发成果的实践应用，持续调整和优化其所处的产业结构；充分利用财政政策的作用，积极同国家产业、金融与区域发展政策等相配，凭借财政政策杠杆功能，通过对中小型企业的鼓励抑或约束举措，完成对国民经济进行有效调控的任务，为宏观经济的发展提供助力；扶持中小企业的发展，使其能够提供更多的工作岗位以及更优质的社会服务，引导中小企业更加主动地承担社会责任，推动我国和谐社会的建设，突显我国公共财政的作用和价值。

准确拿捏中小企业和财政之间的关系，使后者能够更好地为前者的发展服务。从一种角度上来说，必须坚持公共财政准则，确立与保护中小型企业在市场中的主导性角色。在市场经济和公共财政的双重条件下，财政不应该直接干预中小型企业的生产运营，亦不直接投资常规竞争公司，政府主要职能体现在提供公共产品和服务中；从另一个角度来讲，要求政府能有效发挥公共财政的指引和扶持性，为中小企业的发展创造更加良好的环境。透过财政和税收政策的全面推行，进一步强化中小企业发展所需的内生动力。

第 6 章

国外支持中小企业发展的经验借鉴

无论是发达国家还是发展中国家中小企业在社会经济生活中都占据了极其重要的地位。近年来，我国中小企业在各级政府的关心支持下，发展势头迅猛，为我国经济增长做出不小的贡献。

6.1 国外支持中小企业发展的财政支出政策

6.1.1 支持研发项目促进技术创新

国外对中小企业研究与开发的资助，主要形式是设立政府专项基金，通过制订中小企业技术创新与开发计划，对符合条件的中小企业给予专项补贴。美国的"小企业创新研究计划"规定，年研究开发经费在 1 亿美元以上的联邦政府机构，要按一定比例拨出专款，用于资助小企业的创新研究；研究开发经费在 2000 万美元到 1 亿美元之间的联邦政府机构，每年要为中小企业确定科研项目和目标。日本规定，中小企业进行设备现代化改造，可实行特别折旧，第一年可提 30%，对技术含量高的中小企业所购入或租借的机器设备减免所得税。法国规定，中小企业为提高产品质量、改进技术工艺等提出首次咨询要求时，政府资助 80% 的咨询费用。英国制定了一项为期 12 年的支持中小企业技术进步的计划，拨款 84 亿英镑帮助中小企业更新设备和开发高新技术。德国制定了"中小企业研究与技术政策总方案"，对中小企业与学术界的研究合作,除给予所需费用的低息贷款外,每年还补助3万马克;对开发新产品的中小企业给予50%的研究费补助,并协助其将科技成果转化为商品,尽快投入生产;通过"东部地区合作研究开发计划",向东部地区中小企业提供资助,资助额达项目费用的50%。土耳其规定,中小企业进行研究开发所需的费用,每半年可凭发票向技术发展基金会和科技研究理事会核销一次,企业获得该项资助的金额最高可达该企业研究开发总费用的50%。比利时颁布第196号法令,鼓励国家科研人员到中小企业参加为期4年的研究开发运动;在资助工业基础研究项目时,对中小企业研究项目的资助可达80%;对非盈利性单位的特定项目的资助额可达100%。

6.1.2　开发人力资源增强发展后劲

为支持中小企业聘用优秀人才、加强员工培训,很多外国政府制定了专项政策。德国在全国各地建立有众多的技术管理培训中心,免费为中小企业管理人员和工人提供多种培训。法国规定,中小企业主一旦选择了专业人才,政府承担头一年50%的聘用费用(一般需要20万法郎)。土耳其鼓励中小企业雇用大学本科毕业生,企业雇用他们的前半年的税前工资由政府承担70%,同时还设立了培训资助基金,为企业的人员培训支付50%费用。马来西亚设立了"人力资源发展基金",成立了先进科学技术与机械研究中心,企业派员工到研究中心参加自动化操作培训,可向"人力资源发展基金"申请100%的津贴。比利时政府与银行、科研机构、大学和企业联合制订专用于中小企业技术和管理人员的培训计划;对中小企业创办者进行为期1~3年的系统培训,部分津贴由政府提供;对中小企业执行带薪培训人才方面的资金投入。

6.1.3　鼓励新建企业增加社会就业

中小企业是典型的"就业经济",很多国家对新建或扩大投资的中小企业都予以财政扶持。法国规定:新建中小企业可免3年的所得税,并在社会福利税收方面对新增雇员的企业给予减免优惠;同时按中小企业提供就业机会的多少,给予财政补贴。比如,举办工业中小企业,而且企业方向符合政府的地区发展政策和工业发展政策,每提供一个就业机会,政府就给予2万~4万法郎的财政补贴。除了政府财政补贴以外,还有就业地区发展补贴,对3年内增加投资30万法郎以上和增加职工6人以上的中小企业每增加5名就业人员,由地方财政部门补贴1.2万~1.5万法郎。德国规定:在落后地区新建的中小企业可以免交5年营业税,对新建的中小企业所消耗完的动产投资,免征50%的所得税,对中小企业使内部留存资金进行投资的部分免征财产税。韩国明确规定新创办的中小企业所得税实行"三免二减半"(前3年免税,后2年减半征税)。

6.1.4 支持企业出口拉动经济增长

很多国家为鼓励出口,对中小企业制定了出口退税和出口补贴政策。近年来,由于直接的出口补贴受到了越来越多的限制,各国政府支持出口的方式逐步变得复杂而隐蔽。尽管如此,出口退税和出口补贴仍是最常用的财政手段。土耳其政府对中小企业所进行的海外市场调研活动,每个项目最多可给予7500美元的资助,一个企业每年可获资助1.5万美元,获得该项资助的累计金额最多可达7.5万美元;中小企业在境外设立商店和分销中心,第一年租金的50%和第二年租金的30%可由政府资助,但每个企业一年所获得的该项资助不得超过3万美元;对中小企业在产品质量和环保标准等的国际认证、专利申请以及参加国际博览会等方面也提供一定的资助。比利时设立了"费拉瓦—亚洲基金"和"瓦隆援助基金",除了为中小企业提供各种免费或低成本的信息和咨询外,还资助中小企业到国外实地考察、洽谈生意、参加展览会、交易会等国际经贸合作与交流活动,基金可为有困难的中小企业提供30%~50%的国际旅行费用。韩国制定了支援中小企业出口的中长期方案,主管中小企业的政府中小企业厅在全国各道、市设立支援中小企业出口中心,负责向企业提供咨询服务,协助企业获得ISO等国际认证;政府有关部门选了1万家中小企业的5万多种产品,在因特网上建立"中小企业馆"主页,向国内外宣传,并牵头组织中小企业与贸易代理商洽谈,以扩大企业的贸易机会。日本政府资助建立了小企业的情报网络和小企业的数据库,向小企业提供国内外有关的市场信息、技术信息、调查资料等,小企业可以免费查询政府储存在电脑资料库中的各种信息和数据资料。

6.2 国外支持中小企业发展的税收政策

6.2.1 国外增值税起征点和免税政策情况

对于一定规模以下的小规模经营者,国际上通行的做法是免除其缴纳增值税的义务。这主要基于以下两个方面原因,一方面小规模经营者自身的盈利能力较差,纳税负担能力较低,免除其税负有利于经营者负担的降低;另一方面由于小规模经营者数量众多,经营情况复杂多样,在对其进行征税的过程中,势必会增加税务部门在税收征管和稽查方面的难度,为降低征税成本、提高征税效率对其采取免征增值税的做法。对部分纳税人给予免税政策,也相应形成了增值税的起征点政策。

(1) 国外增值税起征点的类型。

国外增值税的起征点根据纳税人的免税办法不同可分为两种情况:一是要求进行税务登记的免税办法。即对税务登记后营业额低于一定数额的企业免于征收,这与国内增值税的起征点含义是一致的(称为"登记"情况下的起征点)。二是不需要进行税务登记的免税办法。即营业额低于一定数额的企业可不进行税务登记,也相应给予免税。在这种情况下,确定是否需要登记的营业额也可视为是增值税的起征点(称为"征收"情况下的起征点)。

从 OECD 国家的情况看,上述两种情况下的起征点政策都存在。如澳大利亚、奥地利、加拿大、捷克、丹麦、爱沙尼亚、芬兰、法国、希腊、冰岛、爱尔兰、意大利、日本、拉脱维亚、新西兰、挪威、波兰、斯洛伐克、斯洛文尼亚、瑞士、英国是实行的"登记"情况下的起征点。而比利时、德国、匈牙利、以色列、韩国、卢森堡、荷兰、葡萄牙实行的是"征收"情况下的起征点。此外,还有部分国家不实行起征点制度,如智利、墨西哥、西班牙、瑞典和土耳其(具体见表 6-1)。

表 6-1　　　　　　部分国家起征点的适用对象情况

国家	起征点规定
澳大利亚	对于出租车司机,包括专门司机驾驶的豪华轿车和出租汽车,不设置税务登记的起征点。适用于非营利组织的税务登记起征点是 150000 澳元

续表

国家	起征点规定
比利时	免税不适用于几个行业：房地产、酒店和餐馆、出售废旧物资。一些特定的供给也被排除在应用起征点的范围之外：新房地产，征收消费税的产品，以及未申报和非法活动
加拿大	登记的起征点政策不适用于：某些列举的上市金融机构，进入加拿大在允许的娱乐场所、研讨会，活动或事件中进行的应税产品的非居民，以及进行出租车或轿车业务的人；这些人要求进行登记和征收 GST/HST。对慈善机构和公共机构适用另外的起征点。如果其在过去的四个季度里一个季度内来源于全球范围的应税供给是 50000 加元或更少，或在其前两个财政年的总收入是 250000 加元或更少，慈善机构和公共机构将不需要进行税务登记
智利	尽管所有纳税人都必须登记并取得纳税人识别号，不仅是增值税的登记也包括其他各种税收，小企业、工匠和小服务提供商可以适用一个特殊的制度，只要不超过 20 个月的税务单位年度征收门槛（818700 智利比索/2178 美元）。按照在过去的 12 个月的平价收入水平来确定需缴纳的增值税固定税额。征收的起征点制度不适用于法人实体，只适用于个人。这项制度必须至少执行 12 个月后，纳税人才能回到正常的制度
丹麦	较高的 170000 丹麦克朗（22840 欧元）起征点适用于盲人；300000 克朗（40300 欧元）的起征点适用艺术作品的首次销售（创作者或其继承人）。从后者的免税看，300000 丹麦克朗起征点不得超出当年或前一年
芬兰	如果企业超过 8500 欧元的登记起征点，它必须登记，并须缴纳增值税。但可适用一个档次的减免，直到它们达到 22500 欧元的第二个起征点
法国	增值税减免适用的范围是：企业的年营业额不超过 82200 欧元或前一年的年营业额不超过 90300 欧元（倒数第二年的营业额不超过 82200 欧元）。提供服务（除了旅馆住宿和餐馆的食物和饮料），年营业额必须不超过 32900 欧元或前一年的年营业额不超过 34900 欧元（倒数第二年的营业额不超过 32900 欧元）。对于律师（为促进其监管的企业）、作家和艺术家，营业额不超过 42600 欧元（对于他们正常事务之外提供服务，起征点是 17500 欧元）
德国	如果纳税人的年营业额不超过 17500 欧元，以及他们的预期当年营业额不会超过 50000 欧元，可免除增值税纳税义务
希腊	增值税的起征点政策不适用于特定方案下的农民
爱尔兰	尽管对于销售货物的一般起征点是营业额 75000 欧元，个人销售货物以低税率或标准税率征收，如果其是以零税率的材料进行生产，如果营业额是或超过 37500 欧元，就必须登记。尽管提供服务的一般起征点是营业额 37500 欧元，对于个人既销售货物又提供服务，其中 90% 或更多的营业额来自于销售货物（非类指前一句），将适用销售货物的起征点

续表

国家	起征点规定
以色列	个体经营者年收入低于 79482 以色列新锡克尔，可被认为"免税交易商"。有些职业是不允许成为免税交易商：农艺师、设计师、技术员、私人侦探、犹太律师、牙科技师、组织顾问、管理顾问、科学顾问、经济学家、工程师、测量师、会计、翻译、保险代理人、律师、会计师、评估师、化学或医学实验室的老板、艺人、医生、心理学家、物理治疗师、兽医、牙医、驾驶学校的主人、学校的主人、房地产经纪人或交易商
意大利	微型纳税人方案（"Regime dei contribuenti minimi"）适用于个体经营，其收入低于 30000 欧元。它涉及免征增值税。该计划只适用于自然人。起征点并不适用于这些个人：合伙企业的合伙人、专业协会或 SRLs（有限责任公司），适用所得税的"regime di transparenza"；在前一年度出口货物或视同出口货物，提供跨境服务，或供应到圣马力诺、梵蒂冈、大使馆、国际组织等的人；也不包括在前一年度有员工成本，以及在过去三个年度购买资本品超过 15000 欧元的人
日本	企业（公司和个人）在成立前两年不要求登记和核算消费税（增值税），但资本金为 1000 万日元或以上的公司除外。从 2014 年 4 月 1 日起，新公司的资本低于 10000 万日元，但是由税销售额超过 5 亿日元的企业集团设立和投资超过 50% 的资本的，也被排除在外。在这种情况下，他们应从一开始就进行消费税税务登记。在这两年期间之后，企业是否应登记为应纳税的人，是根据他们的年度应税营业额（在本会计年度/纳税年度的 2 年前的会计年度/纳税年度）进行确定。如果营业额超过 1000 万日元，则须登记。本年度上半年或前一个营业年度的应税销售额（含薪金额）超过 1000 万日元的企业，也应该登记。企业可以选择自愿登记的消费税，即使他们的营业额低于起征点。在这种情况下，企业必须保持两年的登记
荷兰	增值税减免的起征点适用于个人或相关团体的个人（如合伙企业），但不包括企业。起征点不取决于流转额而是每年净增值税：在一个年度内销售货物和提供服务的增值税额（销项税减进项税）不超过 1345 欧元，纳税人免征增值税（但仍然登记为增值税纳税人）。如果每年的增值税额高于 1345 欧元，但低于 1883 欧元，纳税人得到部分增值税退税
挪威	3000000 挪威克朗的高起征点，适用于体育赛事的入场费
葡萄牙	起征点不适用于商业法人。对于满足一些特定条件的小零售商，起征点为 12500 欧元
瑞士	150000 瑞士法郎的高起征点，适用于非营利性的体育文化协会和公益机构

资料来源：OECD Tax Database.

在增值税起征点的政策规定中，主要包含两个要素，一个是增值税起征点的适用对象，另一个是增值税起征点的金额标准。下面分别进行介绍。

(2) 国外增值税起征点适用对象。

在实行增值税起征点政策的国家中，部分国家对适用对象（如个人和企业）没有具体要求，只要满足增值税起征点的金额标准都可以享受增值税免征的政策。

有一部分国家对起征点的适用对象做出了具体要求，如智利、意大利、荷兰和新加坡等国家规定增值税起征点制度只适用于个人。而日本规定增值税起征点的适用对象为"企业股本 1000 万日元以下,实际控制人应税销售额均低于 5 亿日元"。这一要求不但对适用对象本身的股本规模做出了限制,还对企业实际控制人的其他经营情况做出了规定,其目的是防止实际控制人通过拆分企业和销售的行为获取增值税免税的好处。

还有一部分国家规定起征点不适用于某些行业或某些类型的企业,如比利时规定免税不适用于房地产、酒店和餐馆、出售废旧物资行业,加拿大规定起征点政策不适用于某些列举的上市金融机构、非居民和进行出租车或轿车业务的人。

(3) 国外增值税起征点的金额标准。

国际上,大多数国家以年度应税销售额或营业额为主要标准,规定了增值税缴纳起征点的数量标准。同时,澳大利亚、加拿大、丹麦、法国等国家还规定了不止一档的起征点,分别适用不同的对象,如澳大利亚和瑞士对非营利组织给予更高档次的起征点。

从基本的起征点水平看(见表 6-2),在 OECD 国家中,各国增值税起征点的差别比较显著。最低的荷兰为年销售额 1.1 万元,最高的英国是年销售额为 82.6 万元。而从我国部分周边国家看(见表 6-3),泰国、菲律宾和印度尼西亚的起征点较低,月销售额分别为 2.40 万元、1.72 万元和 2.57 万元,而新加坡的起征点最高,月销售额达到 41.25 万元。

表 6-2　　　　　　　2016 年 OECD 国家增值税起征点情况

国家	登记或征收	基本起征点:年销售额/美元(购买力平价)	年销售额/人民币(万元)	月人民币(元)	其他档次起征点:年销售额/美元(购买力平价)	年销售额/人民币(万元)
澳大利亚	登记	50336	35.0	29150	100671	70.0
奥地利	登记	36585	25.4	21186		
比利时	征收	30600	21.3	17720		
加拿大	登记	24000	16.7	13898	40000	27.8
智利	无	无				
捷克	登记	75873	52.7	43938		
丹麦	登记	6667	4.6	3861	22667	15.8
					40000	27.8

续表

国家	登记或征收	基本起征点：年销售额/美元（购买力平价）	年销售额/人民币（万元）	月人民币（元）	其他档次起征点：年销售额/美元（购买力平价）	年销售额/人民币（万元）
爱沙尼亚	登记	28571	19.9	16545		
芬兰	登记	10753	7.5	6227	32258	22.4
法国	登记	100244	69.7	58051	40122	27.9
					51951	36.1
德国	征收	22152	15.4	12828	63291	44.0
希腊	登记	16393	11.4	9493		
匈牙利	征收	44823	31.1	25957		
冰岛	登记	7032	4.9	4072		
爱尔兰	登记	88339	61.4	51157	44170	30.7
以色列	征收	25517	17.7	14777		
意大利	登记	40000	27.8	23164		
日本	登记	94940	66.0	54980		
韩国	征收	26928	18.7	15594		
拉脱维亚	登记	98619	68.5	57110		
卢森堡	征收	27778	19.3	16086		
墨西哥	无	无				
荷兰	征收	1620	1.1	938	2269	1.6
新西兰	登记	40816	28.4	23637		
挪威	登记	5102	3.5	2955	306122	212.7
					15267	10.6
波兰	登记	83333	57.9	48258		
葡萄牙	征收	16949	11.8	9815	21186	14.7
斯洛伐克	登记	99580	69.2	57667		
斯洛文尼亚	登记	83333	57.9	48258		
西班牙	无	无				
瑞典	无	无				
瑞士	登记	78125	54.3	45242	117188	81.4
土耳其	无	无				
英国	登记	118841	82.6	68821		

资料来源：OECD Tax Database。

注：汇率采用1美元=6.9492元人民币；数据截止到2016年1月1日。

表 6-3　　　　　　　部分周边国家的增值税起征点情况

国家	年起征点（本国货币）	年起征点（人民币万元）	月起征点（人民币万元）
新加坡	100	495	41.25
泰国	144	28.75	2.40
菲律宾	150	20.66	1.72
印度尼西亚	60000	30.79	2.57

（4）国外增值税起征点政策的特点。

总体看，国外在增值税起征点上的主要特征为：

①从国外增值税的起征点政策的实施范围看，除了少部分国家不设置起征点外，大多数国家都制定起征点政策，考虑到个人经营者或小微企业的情况，对符合条件的个人或企业给予免税。

②从国外起征点的类型看，其所存在的两种不同增值税免税办法，实行"征收"情况下的起征点，对于营业额低于一定标准的对象不需要纳税登记，相当于将这些对象直接排除在征收范围之外，减少征纳双方的工作量；而"登记"情况下的起征点，对象需要进行纳税登记，会增加征纳双方的工作量，但也有助于税收征管。

③从国外增值税起征点的适用对象看，各种情况都有存在。既有政策只适用于个人的情况，也有政策适用小规模纳税人或者特定条件企业的情况，还有采用负面清单方式将部分行业、企业和个人排除在外的情况。

④从国外增值税起征点的数额标准看，基本上都是以营业额或销售额为判断标准。在具体的数额上，各国之间的差异较大，最高的起征点与最低的起征点之间相差达到400多倍。同时，还有部分国家针对不同的纳税人对象，设置多档次的起征点。

6.2.2　国外所得税起征点和免税政策情况

6.2.2.1　国外企业所得税对小微企业的优惠税率情况

根据OECD对各国企业所得税的统计结果，除了奥地利、丹麦、爱沙尼亚、芬兰、德国、爱尔兰、意大利、新西兰、波兰、斯洛伐克、斯洛文尼亚、瑞典、瑞士、土耳其等国家不实行特定税率（targeted corporate income tax rates）外，其他 OECD 国家都有实行特定税率的政策（并不仅仅限于企业规模，也包括行业和地区的特殊优惠），具体见表 6-4、表 6-5、表 6-6 所示。

表 6-4　　　　　2016 年 OECD 国家企业所得税税率情况

国家	中央（联邦）企业所得税基本税率	中央（联邦）企业所得税的特定税率	优惠对象
澳大利亚	30.00	28.50	商业活动（企业规模）
比利时	33.00	24.25	
加拿大	15.00	10.50	
智利	24.00	—	其他
捷克	19.00	—	商业活动（企业规模）
法国	34.43	15.00	地理位置、其他
希腊	29.00	—	商业活动（企业规模）、地理位置、其他
匈牙利	19.00	10.00	
冰岛	20.00/12.50	—	商业活动（企业规模）
以色列	25.00	—	商业活动（企业规模）、地理位置
日本	23.40	15.00	其他
韩国	22.00	10.00	
拉脱维亚	15.00	9.00	
卢森堡	22.47	21.40	
墨西哥	30.00	—	商业活动（企业规模）
荷兰	25.00	20.00	
挪威	25.00	—	商业活动（企业规模）
葡萄牙	28.00	—	地理位置
西班牙	25.00	25.00	商业活动（企业规模）
英国	20.00	20.00	商业活动（企业规模）
美国	35.00	15.00	商业活动（企业规模）

注：未考虑州和地方政府的企业所得税税率情况；只考虑了边际税率，未包括累进税率的全部情况。

表 6-5　　部分国家对小微企业所得税的优惠税率规定

国家	优惠税率规定
美国	美国对年所得额在 5 万美元以下的小微企业，公司所得税的最低税率降为 15%。具体税率见表 6-6。 允许小企业根据自己的实际情况选择对自己有利的纳税方式，缴纳公司所得税或者个人所得税。S 类股份公司股东人数不超过 35 人的，不用缴纳公司所得税，个人企业主和合伙企业的股东仅根据他们的个人收入缴纳联邦所得税
法国	法国小企业年应纳税所得额低于 38112 欧元的部分，适用 15% 的公司所得税税率；对超过 38112 欧元的部分，则按照 33.33% 的税率缴纳公司所得税
日本	日本法人税基本税率为 30%，但资本额在 1 亿日元以下的中小企业，年应纳税所得在 800 万日元以下的部分，2008 年以前可以适用 22% 低税率，金融危机爆发后的 2009 年度，下调为 18%；2011 年 11 月，日本通过了税制修订法案及复兴财源确保法案，决定自 2012 年 4 月起，将年度所得 800 万日元以上的企业法人税税率从 30% 降到 25.5%，将年度所得 800 万日元以下的企业法人税率由 22% 降到 19%。在 2012 年 4 月到 2015 年 3 月期间，对于年所得 800 万日元的公益性小微企业和小微合资企业均按 15% 征收。日本法人除缴纳法人税外，另须缴纳附加的法人事业税和法人居民税。其中，法人事业税税率分为三个等级：年收入不超过 400 万日元时，税率为 5% ~ 6%；年收入超过 400 万日元时，税率为 7.3% ~ 8.76%；年收入超过 800 万日元时，税率为 9.6% ~ 11.52%
韩国	韩国规定了法人所得税最低限税率，小微企业最低限税率为 8%，大企业为 15%。韩国对于投资新办小微企业的公司资本利得，给予免征企业所得税的优惠；符合条件的新建中小企业，可以自企业首次实现盈利年度起享受 6 年减半征收公司所得税优惠；在税金减免方面，为减轻小微企业税负，设立了中小企业特别税金减免制度，对小微企业法人所得税给予减征 5% ~ 30% 的税收优惠
德国	德国在 1998~2005 年间，共对中小企业施行了总额近 150 亿欧元的税收减免，同时大幅降低中小企业的所得税率，最低适用税率降至 19%。对于小企业销售收入或营业额在一定数额以下的，给予免缴企业所得税的优惠；对新办小企业属于动产投资列入成本所获得的盈利，减半征收公司所得税
英国	在 2006~2015 年期间，英国企业所得税的基本税率都要超过小微企业所得税税率，在 21%~30% 之间，小微企业税率在 19%~21% 之间，2016 年都统一为 20%
比利时	比利时则施行"区间税率"，年利润在 25000 欧元以下的税率为 24.25%，介于 25000 欧元至 90000 欧元之间的税率为 31%，多于 90000 欧元的税率为 34.5%
印度	营业收入不超过 1 千万卢比的小微企业将享受税收优惠，不需要缴纳企业所得税及其他税款
巴西	对营业额大小不同的小微企业，适用于级次不同的优惠政策。巴西对于小微企业雇员标准为 100 人，税收优惠分为两个档次，营业额小于 6 万雷亚尔的小微企业，都免交包括公司所得税在内的六税，且下调工龄保障基金税和服务税的税率，设置应缴税款上限，但营业额不超过 3.6 万雷亚尔的小微企业与营业额介于 3.6 万至 6 万雷亚尔的小微企业相比，在其他税种的缴纳上，适用更低的税率

续表

国家	优惠税率规定
俄罗斯	2008年11月21日，俄罗斯国家杜马通过了《税法典》修正案，并于2009年1月1日开始实施。按照该税法，将企业利润税税率从24%（其中，联邦占6.5%，地方占17.5%）降至20%（其中，联邦降至2.5%，地方不变），允许地方政府将企业利润税税率再自行下调4个百分点。其中小企业可适用13%税率，小商业适用6%的低税率。 对中小型企业推行税务简化制度。符合条件的纳税人缴纳统一税，以取代传统税收制度需缴纳的一系列税收。统一税的缴纳者为企业或个体经营者。《税法典》规定，纳税人可自由选择按照简化税制还是普通税制。按简化税制纳税的纳税人必须符合四个条件：①提出由普通税制申请变更为简化税制的当年，9个月内的销售收入少于4500万卢布；②员工人数不超过100人；③其他各类组织参股比重不超过25%；④操作系统中剩余资产不超过1亿卢布。按简化税制纳税的法人纳税人不再缴纳企业利润税（除缴纳股息及个别类型债务交易）、组织财产税、增值税（不含进口环节增值税，同时也除俄罗斯税务法典第174条第一项上描述的增值税外），非法人纳税人无需缴纳自然人所得税、自然人财产税和增值税（不含进口环节增值税），而是统一以收入或减去支出后的差额为课税对象征收统一税，其余税收须照常缴纳。税率上，如果征税项目是全部收入，税率则为6%，并最大限度简化税务登记；如果课税对象选定的是净收入，即收支相抵后的差额，税率则为15%，但是不同联邦主体可以立法的形式将税率差别控制在5%~15%。企业及个体户如过渡到简化税制的使用，需在日历年12月31日前按注册地址递交申请到税务机关，如果在下一年计划使用简税制，在申请中应指出所选的税收项目，固定资产净值及进款数目。新成立的企业及个体户有资格申请转换到简税制，需不晚于税务机关注册后的30个日历日，在这种情况下可以自注册之日起使用简税制

表6-6　　　　　　　　美国联邦企业所得税税率情况

应税所得	税　率
0 to 50000	15%
50000 to 75000	$7500 + 25% Of the amount over 50000
75000 to 100000	$13750 + 34% Of the amount over 75000
100000 to 335000	$22250 + 39% Of the amount over 100000
335000 to 10000000	$113900 + 34% Of the amount over 335000
10000000 to 15000000	$3400000 + 35% Of the amount over 10000000
15000000 to 18333333	$5150000 + 38% Of the amount over 15000000
18333333 and up	35%

总体看，国外在小微企业所得税优惠税率政策上的主要特征为：

一是国外很多国家对于小微企业实行低于基本税率的优惠税率政策。在具体税率水平上，根据各国的情况具体制定，税率也有设置为多档的情况。

在享受优惠税率政策的条件上,美国、法国、日本等国家都是针对应纳税所得额低于一定标准的小企业。

二是有少数国家直接对小微企业给予免税政策,如德国和印度等。

三是有一部分国家对小微企业实行简易税制政策,如俄罗斯、巴西等。

6.2.2.2 国外小微企业的其他所得税优惠政策情况

在企业所得税政策方面给小微企业提供优惠是各国常用的做法,通过税率优惠、税收抵免等措施鼓励小微企业创办、投资、创新,降低小微企业所得税负担。

(1) 鼓励小微企业创业方面。

在企业所得税方面,为了鼓励投资者创建小微企业,许多国家对于新办小微企业均给予一定的优惠政策。

美国1981年颁布的《经济复兴法》赋予小企业投资者一定的纳税选择权,符合小企业条件的企业可以从以下两种纳税方式中任选一种。一种是缴纳企业所得税,即企业可选择超额累进税率为15%~39%的公司所得税;另一种是按照合伙企业纳税,将投资者收入认定为股利所得并纳入个人的其他所得中,按照10%~35%超额累进税率缴纳个人所得税。小企业投资者可以从以上两种方式中自行选择对自己有利的方式。

法国1995年颁布的《振兴中小企业计划》规定,为促进失业人员创业,新创办的工商企业可以享受2年免征企业所得税,以后3年对企业赢利分别减少75%、50%和25%的企业所得税优惠。

英国规定凡投资创办中小企业者,其投资额的60%可以免税,每年免税的最高投资限额达到4万英磅。英国还规定,中小企业投资在15万英镑以内的资本,在5年内享受20%的所得税税收优惠政策,投资满5年后,任何处置企业投资所取得的资本利得均免所得税,并允许其与纳税期限内的其他收入一起,弥补企业以前年度的经营亏损。

(2) 鼓励小微企业创新方面。

中下企业有较强的创新欲望,但是,中小企业自身抗风险能力很低,为了鼓励创新,降低创新成本,许多国家在企业所得税方面对中小企业创新实施了优惠政策。这些政策主要集中在增加中小企业所得税税前扣除上,一般是将研发支出进行部分或全部甚至是加计扣除(见表6-7)。

表 6-7　部分国家研发支出税前抵免情况

国家	适用条件	具体内容
美国	小企业	研发支出一次性或若干年从应税所得中扣除，抵扣方式包括20%的传统抵扣、选择性的增量研究抵扣（AIRC）和12%的选择性的简化抵扣政策（ASC）
法国	中小企业研发投资高于前一年度	增加额的25%免缴企业所得税
英国	小型高科技企业投资	减免20%公司所得税
英国	中小企业的研发支出	按150%加计扣除；对无利润的中小企业，既可以选择将研发支出向后结转，也可以放在研发费用加计扣除部分（即150%中的50%）的前提下，申请获得有效研发支出24%的现金返还*
意大利	中小企业自身利润用于研发投资	可享受到投资额30%的税收优惠
日本	小型科技型企业	当年研发支出总额的10%抵免企业所得税，但不超过所得税的15%

注：* Designing a Tax System for Micro and Small Business: Guide for Practitioners, The World Bank Group, December 2007.

韩国的企业所得税政策更是细致，对于中小企业不同的创新支出有不同的税前扣除标准，详见表 6-8。另外，韩国对于技术密集型的中小企业和风投企业，给予企业所得税 5 年减半优惠。

表 6-8　韩国研发税收抵免政策

项目	中小企业	大企业
一般研发费用	金额的25%可享受税收抵免	金额的3%~6%可享受税收抵免
新成长·源泉技术研发费用	金额的30%可享受税收抵免	金额的20%可享受税收抵免
事业用资产投资额	金额的3%可享受税收抵免	无此项优惠
引进提高生产效率设备的投资额	金额的7%可享受税收抵免	金额的3%可享受税收抵免
研发费享有的税收抵免	不受最低限税率限制	适用最低限税率
技术取得费用	金额的7%可享受税收抵免	无此项优惠

（3）鼓励小微企业投资方面。

美国鼓励中小企业投资的税收政策很多，如1997年通过的《纳税人免税法案》以及2001年通过的《减税法案》等，主要包括：允许中小企业或公司对新设备的投资直接冲抵其应纳所得税额，新投资固定资产允许在1~2年内提高折旧比例，特定设备甚至可一次性计提折旧；应纳税款小于2500美元的小型企业，其税款可全部用于投资抵免，超过部分最高抵免额限于超过部分的85%；在满足一定条件的情况下，对小型企业的股本投资收益可获得最低5年的5%的税收豁免；为分担中小企业的投资风险，美国税法规定中小企业股东遭受的损失可以用来抵减其他来源的收入。

英国税法规定，中小企业投资建厂、购买机器设备，第1年可享受40%的资本折扣。

在瑞士，对于中小型企业新投资资产，可以享受2倍折旧，已经出售、二次投资的旧资产则可享受3倍折旧，此外持续两年就业增长的企业可以享受与就业率同等的资产摊销或者就业人数人均12万欧元的折旧优惠。

日本政府采用中小企业投资促进税、中小企业基础强化税、中小企业信息基础强化税等制度，鼓励小微企业加大设备等方面的投资。2013年日本中小企业投资促进税制改革，税法规定自2014年起，对有利于提高生产力的设备投资执行新的固定资产折旧办法：一是购买非生产性设备的，其注册资本不超过3000万日元的企业法人适用特别折旧率为30%或者免缴7%税金，注册资本为3000万日元以上1亿日元以下的企业适用30%的特别折旧；二是购买生产性设备的，其注册资本不超过3000万日元的企业法人适用即时折旧政策或者免缴10%的税金，注册资本为3000万日元以上1亿日元以下的企业适用即时折旧政策或者免缴7%的税金。另外，日本政府提高了小微企业固定资产折旧率，在一般折旧基础上增加了特别折旧（如超过过去5年设备投资的平均值时，第一年可折旧30%）。此外，还实施了小额资产即时折旧政策。

（4）其他方面政策。

一是支持中小企业合并的税收政策。如希腊为刺激小企业兼并联合，给予兼并后的合伙制或有限责任企业法定税率第一年10%，次年5%的优惠。在日本，中小企业进行联合实现集团化，将降低联合体的税率，按27%的优惠税率纳税。

二是支持中小企业吸收雇员的政策。在奥地利，中小企业雇佣学徒（所有PIT、CIT的纳税人）都可以获得每人1000欧元的税收抵免。比利时法律规定，一个纳税年度内，每增加一个雇员，可以获得4840欧元的税收补贴。

比利时规定雇佣 1~3 名新员工，可以享受削减社会保险税的好处，对雇佣非熟练工人给予税收减免补贴。法国对高失业率地区雇员人数在 50 人以下的中小企业可以减免公司税。金融危机期间，日本政府出台了就业促进税制，以税收抵扣形式鼓励企业吸纳雇员。根据就业促进税制规定，2008 年 4 月到 2011 年 3 月期间中小企业每一财年新增雇员超过 2 个以上（其他企业为新增 5 个以上雇员），则每增加一个雇员给予 20 万日元的税收抵免。

6.2.2.3 国外中小企业实施简易税制的情况

（1）俄罗斯的"统一税"政策。

目前，俄罗斯对中小企业实行五税合一，征收小企业"统一税"。2002 年 7 月 1 日，俄罗斯通过的《俄罗斯联邦税法典》（第二部分）补充章节规定，对部分组织及个体企业主实行五税合一的"统一税"，即对组织（或个别企业主）以统一税来代替组织利润税（或个人所得税）、增值税、销售税、财产税和社会税的缴纳。具体来讲，"统一税"对适用主体的要求是：年营业额不超过 1500 万卢布（约合 180 万人民币）、职工不足 60 人的企业。"统一税"的纳税方式分两种，一种是缴纳营业额的 6%，另一种是缴纳利润额的 15%，业主可自愿选择其一。据俄财政部估计，改为小企业"统一税"后，小企业减轻税负可达 50%~80%。

（2）巴西的"超简单税"政策。

为了减轻中小企业负担，2006 年 12 月 14 日，巴西总统签署了《微型和小型企业法》，并于 2007 年 7 月 1 日起施行。新法律规定对微型和小型企业征收一种"超简单税"，捆绑征收包括联邦税 6 种，州税 1 种和市税 1 种在内的 9 个税类的税费，方便创业企业的同时减轻企业的压力。其中，微型企业指的是那些员工少于 20 人、年收入不高于 24 万雷亚尔（按当时汇率折算约为 12 万美元）的企业；小型企业则为员工数量在 20~99 人之间，收入不高于 240 万雷亚尔（按当时汇率折算约为 120 万美元）的企业。"超简单税"完全施行的范围为圣保罗州、里约热内卢州、米纳斯吉拉斯州、南大河州和巴拉那州，其他 21 个州区将根据各州情况参照此法自行制定优惠政策。

"超简单税"实施以来，巴西政府根据经济和社会发展的变化，不断调整"超简单税"适用对象的标准，当前适用该税制的标准为，小企业年毛收入不超过 360 万雷亚尔，小业主年毛收入不超过 6 万雷亚尔。2016 年 10 月

28日,巴西法律公报公布2016年第155号补充法令,规定从2018年1月1日开始调整"超简单税"适用标准,即适用"超简单税"的小企业和小业主应符合下列条件:小企业年毛收入不超过480万雷亚尔,小业主年毛收入不超过8.1万雷亚尔。另外,对于符合规定条件的酿酒和售酒公司也可以申请按简易税制征税,扩大了"超简单税"的企业类别。目前,巴西简易税制对符合规定条件的小企业,根据其年毛收入水平的高低和经营类型,按毛收入的4%~22.9%征收。

表6-9　　　　　　　　俄罗斯和巴西简易税制的主要内容

国家	简易税制	合并内容	适用主体	缴纳基数及税率
俄罗斯	统一税	利润税(或个人所得税)、增值税、销售税、财产税和社会税	年营业额:不超过1500万卢布(约合180万元人民币)职工人数:不足60人	一种是缴纳营业额的6%,另一种是缴纳利润额的15%
巴西	超简单税	联邦税6种,州税1种和市税1种在内的9个税	小企业:年毛收入不超过480万雷亚尔(约合人民币1000万元)小业主:年毛收入不超过8.1万雷亚尔(约合人民币17万元)	按毛收入的4%~22.9%征收

(3)国外中小企业实行简易税制的实践情况。

从俄罗斯和巴西简易税制的税收实践来看,这些国家实行简易税制的主要原因源自两个方面,一方面是认为中小企业在国民经济中有着不可替代的作用。例如,俄罗斯政府认为,中小企业的发展关系到经济的稳定增长、就业率的提高和人民生活的改善。同样,在巴西,中小企业承担着保障就业的重要任务,据巴西统计局数据显示,2001~2011年,中小企业创造了600余万个就业岗位,占就业岗位总数的40%。因此,鼓励中小企业发展在俄罗斯和巴西有着十分重要的作用。另一方面,该国中小企业税负重,困扰着中小企业发展。俄罗斯政府曾经采取了各种措施扶持中小企业,但中小企业仍然发展缓慢,其中纳税负担过重是阻碍小企业成长的因素之一。同样,巴西曾是全世界企业赋税最重的国家之一,联邦政府、州政府和市政府共收取58种捐税。

采用了简易税制后,无论对于中小企业还是对于政府而言,都是利大于弊的。以巴西为例,一方面,降低了巴西政府征税成本,同时释放了大量的税收征管资源。巴西中小企业数量众多,2013年全国中小企业达600多万家，占企业总数的 99.2%。对中小企业实施按统一核定征收率，将 9 个税种合并为一个简单税进行综合申报。这种简易征收方式，切实降低了中小企业纳税遵从成本，同时释放出的征管资源可以更有效的配置到大企业和高收入个人的税收管理中。另一方面，有效降低了中小企业的税收成本。法律执行后，巴西联邦当年便减少税收 54 亿雷亚尔，对中小企业的这种优惠保证了企业的持续发展。

6.3 国外解决中小企业融资渠道的主要做法

目前，中小企业发展遇到最大的问题就是融资难，如何有效解决这一困境，我们试图通过对比分析其他国家在支持中小企业融资方面的做法，寻找一条符合我国国情的有效途径。

6.3.1 美国：完善的中小企业法制金融—信用融资体系

通过"全国小企业金融抽样调查"（NSSBF），美国在 1993 年的一项调查数据表明，美国在小企业股权融资和债务融资方面均有较为细致的分类，其中股权融资分为 4 类，债务融资分为 9 类。通过这种细致的分类，可以为中小企业提供周到、细致、全面的服务，并让企业有一定的选择权，选择符合自己企业需要的方式。可以说，美国被誉为中小企业发展的摇篮是有道理的。我们简单梳理了下中小企业整个的融资体系，可以看出从天使资金到中期、后期的风险投资的融资体系非常的完整，整个融资体系呈现出流水线式，在每一个阶段都能获取相应的帮助支持，无论是导入期还是成长成熟期。而且作为美国特殊手段的天使资金，在企业运营的不同阶，都能给予相应的资金帮助，有力的促进中小企业成长。这是非常值得我国学习、借鉴的地方。

美国作为金融发达的强国，首先得益于其健全、完备的法律体系。自 1954 年起，美国政府对于中小企业的认识就达成了一致，明确了中小企业的不可替代性，需要通过政策的扶持，来加强其在融资方面的地位，为其发展提供保障。为此,美国出台了相关法律法规,如《小企业资本形成法》《中小企业法》等。除此之外,作为中小企业的代表人,中小企业管理局也为中小企业发展制定相应方针政策,并进行社会调查和分析,以对相应的立法效果进行实证研究和分析。经过研究后,将情况反映给政府,为政府制定扶持中小企业发展政策提供有力佐证,同时向中小企业提供资金支持;为中小企业提供多方面的服务,包括贷款在内的投资、管理、技术、营销、咨询等。中小企业管理局利用了美国庞大的银行业体系,与多家银行建立贷款担保合作关系,为有担保需求的中小企业提供担保。担保贷款是依靠中小企业管理局为担保人,解决中小企业在发展中存在的融资难、经营管理经验缺乏等问题,由私营银行或其他金融机构提供贷款。而直接贷款是由中小企业管理局直接向中小企业提供贷款,不过有数额限制。通过特别实行的微型贷款计划和债券担保计划,以为解决中小企业的信用不足问题为目的,使得那些按照正常商业渠道无法获得贷款的中小企业得到了资金上真正、直接的支持。

一般而言,在信用服务上金融业有一个定律:越是大型的银行,越要追求大型企业;大银行对应中小企业是不经济的[1]。事实上,国际经验表明,一般情况下,大银行为大企业提供金融服务,中小商业银行为中小企业提供金融服务。在美国存在合作金融,专门为一些小型微型企业如个体农户提供服务。众所周知,美国银行业是世界范围内最有影响力同时最重要的行业之一,在美国银行业的基本格局是几十家大型银行和三四千家中小商业银行共存。2000年,美联储在向美国国会提交的关于中小企业信贷可得性问题的报告中指出,"大银行对中小企业贷款占其总资产的比率比中小商业银行的低,而且,作为被大收购的中小商业银行持有的中小企业贷款比例要低于一般的未被收购的中小商业银行[2]。"换而言之,大银行收购中小商业银行后,新设立的银行将减少对中小企业的贷款。另外,如果中小商业银行之间存在着积极的兼并情况,那么收购银行比被收购银行能倾向于对中小企业提供更多的贷款。相对于大型银行之间的兼并效果,中小商业银行之间的兼并能刺激更

---

[1] 陈辛. 当前我国中小商业银行改革发展中的问题和出路 [J]. 新金融, 2001 (2): 56–58.

[2] Board of governors of the federal reserve system, report to the congress on the availability of credit to small business, 2000, 354–356.

多地向中小企业贷款的行为。当小银行之间进行兼并时，合并后的新设银行通常会增加或较少改变对中小企业的贷款。在银行合并后，如果新设的银行减少了对中小企业的贷款，将刺激其他银行尤其是中小商业银行进入市场，同时扩大自己对中小企业的信贷规模，从而占领别人撤出的市场份额。

当然，美国健全的资本市场也是不可忽视的大背景。在美国，多层次的资本市场为中小企业融资提供了多样的资金来源。著名的纳斯达克市场正是专门为中小企业尤其是科技型中小企业的发展提供了大规模权益资本。通过建立适合中小企业融资的二板市场来解决其融资难的问题，效果颇好。二板市场对企业的规模和股本要求相对较低于主板市场，有利于中小企业上市，为中小企业生存发展提供融资来源。

与此同时，美国注重融资多层次合作，针对初创期中小企业普遍存在的融资难题，美国政府充分调动金融机构积极性，为中小企业提供融资服务。以 SBA 为例，SBA 并不直接向企业提供贷款，也不涉及预算资金安排，而是通过与银行、信贷机构及其他贷款机构合作的方式，向中小企业提供融资支持。SBA 主要依托政府信用，通过向金融机构收取管理费的方式建立资金池，对贷款损失给予一定比例的保障。此外，SBA 还通过小企业投资公司（SBIC）向小企业提供股权投资。SBIC 是由经 SBA 审核的、由职业投资人组建的投资管理公司。SBIC 按股权投资的做法选择投资项目。一旦决定投资，SBA 将向 SBIC 提供最多达投资额三分之二的贷款。SBIC 已为美国几十万家中小企业提供了强大资金支持，包括目前已经发展成行业巨头的苹果、联邦快递、英特尔、微软等都曾得到过相应的资金援助。

6.3.2 日本：以政府为依托的综合性中小企业融资体系

从历史来看，日本政府对于其中小企业发展的扶持是相当大力的。第二次世界大战后的日本经历着快速增长的经济和不够成熟的资本市场共存的情况，企业资金匮乏更加剧了中小企业融资的困境。日本在第二次世界大战后采取有针对性的保护型中小企业政策，主要鼓励和发展那些有前途和对经济增长有积极作用的中小企业，让他们成为国家经济增长的主要动力，包括在超过其存款数量的情况下发放贷款的城市商业银行超额信贷、日本央行承担超额放款的那部分的借款。同时，日本成立了专门面向中小企业的政府性金融机构。日本政府逐步建立起一套支持中小企业发展的政策性金融机构，包括国民生活金融公库、商工组中央金库、中小企业金融公库等。这里所谓的金融公库是指专门为中小企业服务的政策性金融机构，类似我国的政策性银行，只不过专门服务中小企业发展。这些金融公库构成了日本中小企业金融支持体系的核心部分。

当然，除了金融公库外，日本以银行为核心、私营和政府金融机构共存，形成一个既有分工又有协作的金融体系组织。一方面，政府金融机构向中小企业提供直接的资金援助及融资政策；另一方面，私营金融机构主要是以商业经营为目的。日本政府提供针对中小企业的主要融资政策包括为：向在一般的金融机构难以得到贷款的中小企业提供长期贷款；为那些经营困难的、银行不愿意向其提供贷款的小规模企业提供小额短期贷款等。

另外，日本建立了健全综合性的中小企业信用担保体系。日本政府建立信用保证会监督政府提供的信用担保，并通过立法的形式，将中小企业信用担保问题列入政府扶持中小企业的重要工作中。信用保证会通常是由政府和地方的公共团体共同出资建立的，可为中小企业取得贷款作为担保人，是为中小企业融资提供贷款的第一级机构，而日本政府出资建立的中小企业信用保险公库是作为第二级机构，为中小企业的技术开发、贷款融资提供支持和帮助，对因为相关企业倒闭而面临资金周转困难的中小企业提供紧急低息贷款等。通过融资担保，中小企业向银行申请贷款时，其获取政府政策性贷款之外的商业贷款是通过优惠的市场利率得到的，从而有效降低融资不足的风险。

6.3.3 德国：创新中小企业"类自有资本"融资渠道

德国的中小企业发展对其宏观经济的各个方面都有很重要的作用。根据德国联邦经济和劳动部的统计，德国的中小企业占其三大行业，即工商、手工业和服务行业企业的95%以上，为德国提供了65%以上的岗位需求，创造产值占全部企业的45%以上。同时为投资和出口创汇分别贡献了45%以上的产值。仅从以上数据就可看出德国中小企业对其经济发展的重要，这也是德国从很早开始就关注中小企业的发展的原因。

近年来，由于金融危机的影响和欧洲经济发展的停滞，德国经济增长速度放缓，这也不可避免地影响到了中小企业的发展。同时德国银行也存在同中国一样的对于中小企业的偏见，即"惜贷"，每年大约有1/3的德国中小企业存在着得不到贷款的问题。在这种内外不利的形势下，德国政府开始对中小企业融资进行政府相应的扶持，包括创新中小企业融资支持体系。中小企业，尤其是创业者和新企业发展的主要瓶颈是其缺乏足够的自有资本。在相关调查中指出，德国中小企业中达到30%的自有资本稳定标准的企业只有19%，自有资本不足的中小企业10%达到1/3[①]。为了应对这种不利情况，德国联合欧盟的力量启动欧洲复兴计划，这包括通过德国的银行自有资本援助项目和创业援助项目，来帮助那些自主创业的中小企业获得相应额度的类似于自有资本的资金。这里"类似于自有资本的资金"不是普通意义上的自有资本形式，而是介于长期信贷和自有资本之间的融资形式。它在企业的主要财务信息即财务报表中被视为自有资本来看待，这使得企业通过财务信息发出的信号是有所改善的。当然，这种类似的自有资本的资金不需要企业提供信贷抵押，同时万一企业面临破产时，企业利益关系者的列位顺序得到合理的保障。

另外，资本市场上的全面发展也为各国中小企业融资提供了广阔的平台。在德国，主板上市的公司被严格的要求全面透明的披露企业在盈利和其他主要方面的信息。对于扶持中小企业方面来说，在1997年政府于法兰克福创办为新兴的高科技领域，如生物和信息等成长企业提供直接的上市融资机会而创建了一个全新的交易市场，它的特点和作用类似于美国的NASDAQ。

6.4 各国财政在支持中小企业发展中的作用

中小企业在宏观经济与社会发展中具有的独特地位与作用，使得其在全球各地经济和社会中均处在重要地位。当前全球主要市场经济国家遵循社会经济发展要求，通常均会创建一整套较为体系化健全的促使中小型企业发展的财政政策机制，同时逐渐增加财政政策对于中小型企业的扶持力度，此类政策与举措对于各个国家的中小型企业发展都有一定的作用。拿美德日

---

① 史世伟. 德国中小企业融资支持的原则、制度和创新［J］. 国际经济评论，2004：23-25.

来说，这些发达国家均在中央财政预算之中设立中小型企业科目，预设支持中小型企业发展的专项基金，此类基金通常分成三种：其一，中小型企业信用担保资金。比如在日本，中小企业可以从很多担保联合会或同类组织手中获取资金支持；在韩国，信用担保基金在缓解中小企业贷款难问题方面起着重要的作用。其二，特定用途基金。在意大利，政府成立了"技术创新滚动基金"，专门为中小企业开展研发活动提供资金。其三，小企业互助基金。其中的典型代表为法国大众信贷集团，其重点扶持地方中小型企业与非农生产公司。

经济发达的国家与地区充分发挥财政和税收手段的作用，为中小型企业实现更好的发展奠定了扎实的基础，在一定程度上弥补了中小企业和大企业的地位差距，不断提升中小企业产品、产业结构的合理性水平，有效地推动了该国中小企业的现代化发展。上述案例为发展中国家在扶持中小型企业方面给予了很好的借鉴和示范作用。

6.5 国外支持中小企业发展的主要启示

6.5.1 营造多主体支持中小企业的市场环境

美国遵循"小政府、大市场"原则，建立了多主体参与的市场机制，调动各方尤其是市场化机构积极性共同支持中小企业发展。我国也非常重视中小企业发展，除了政府层面推动外，还推动设立了包括中小企业协会、生产力中心、创新创业基地、科技企业孵化器等，但上述主体多由政府主办或予以资金支持，由于体制机制、专业能力、薪酬绩效等原因，服务中小企业能力、积极性不足，无法满足当前中小企业快速发展的需求。应推动上述协会、国有性质服务机构转型为市场化机构，同时积极鼓励市场主体参与，通过市场化运作，更好地支持中小企业发展。

6.5.2 强化针对中小企业的政策支持力度

中小企业在创业初期抵御市场风险能力弱，通过市场渠道获得融资通常较困难，在起步阶段获得政府支持至关重要。从美国的经验可看出，政府对中小企业制定了明确且强有力的支持计划。我国市场经济仍处于起步阶段，国有骨干企业仍是经济社会发展的中坚力量，政府的财税支持政策仍以产业政策为主，专门针对中小企业的财税政策支持覆盖面及支持强度还不够，中小企业的政策获得感仍显不足。在当前我国经济转型期，民营经济、中小企业的作用愈加重要，我们应结合国家创新驱动发展战略的相关要求，根据中小企业处于不同发展阶段的特征及需求，加大专项资金覆盖面及支持力度，制定针对中小企业的税收和政府采购策略，对中小企业融资、技术研发、引进高端人才等给予支持。

6.5.3 引导金融机构共同支持中小企业发展

目前我国中小企业融资难、融资贵问题仍然突出，其主要成因，一方面是中小企业体量小、存活率低使得可信度差；另一方面是这些企业缺乏可抵押或质押的资产，对其融资成本高、风险大，信息不对称，银行等金融机构从利润驱动角度，缺乏对其予以扶持的积极性。应借鉴美国政府与金融机构合作经验，将政府信用与市场化运作相结合，积极探索采取政银合作、政银保合作等方式强化信用保障，通过政府引导，建立多层次的融资扶持体系。政府通过建立增信机制、与金融机构合作、搭建平台，鼓励金融机构为中小企业提供资金支持。加快推进国家中小企业发展基金设立运行，探索财政资金市场化支持机制，通过政府引导基金的杠杆作用，撬动更多社会资本沟通扩大股权投资资本量。

6.5.4 转变职能提升中小企业服务能力

随着中国经济的高速发展，在高新技术园区、孵化器、检验测试中心等硬件设施建设方面已不逊于美国，但与美国相比，我们在政府服务方面还有进一步完善的空间，需要政府转变职能，从原来项目管理的方式转变为企业提供服务。加强政府信息公开，让初创期中小企业能够便捷地查询到企业运营过程中需要知悉的政策，及能够享受到的支持措施。借鉴美国经验，将中小企业服务与公共服务平台整合相结合，研究建立体系化的创新服务机构，为中小企业提供信息咨询和技术服务中介支持，使其更好地开展创新活动。发挥政府引导作用，鼓励科研院所和中小企业密切合作，促进技术转移。利用遍布全国的科研机构和高校的科研能力，为中小企业提供相关研发、试验、技术培训和技术转移等服务。

6.5.5　国外增值税起征点政策的特点

总体来看，国外在增值税起征点上的主要特征为：

（1）从国外增值税的起征点政策的实施范围看，除了少部分国家不设置起征点外，大多数国家都制定起征点政策，考虑到个人经营者或中小企业的情况，对符合条件的个人或企业给予免税。

（2）从国外起征点的类型看，其所存在的两种不同增值税免税办法，实行"征收"情况下的起征点，对于营业额低于一定标准的对象不需要纳税登记，相当于将这些对象直接排除在征收范围之外，减少征纳双方的工作量；而"登记"情况下的起征点，对象需要进行纳税登记，会增加征纳双方的工作量，但也有助于税收征管。

（3）从国外增值税起征点的适用对象看，各种情况都有存在。既有政策只适用于个人的情况，也有政策适用小规模纳税人或者特定条件企业的情况，还有采用负面清单方式将部分行业、企业和个人排除在外的情况。

（4）从国外增值税起征点的数额标准看，基本上都是以营业额或销售额为判断标准。在具体的数额上，各国之间的差异较大，最高的起征点与最低的起征点之间相差达到400多倍。同时，还有部分国家针对不同的纳税人对象，设置多档次的起征点。

6.5.6　国外所得税优惠政策经验借鉴

（1）所得税政策应多采用更有效的税基式减免优惠。

国际上对中小企业的所得税优惠政策很多采用了投资抵免、加速折旧、加计扣除等税基式优惠方式。例如英国，对中小企业的研发支出按150%加计扣除；对无利润的中小企业，既可以选择将研发支出向后结转，也可以放在研发费用加计扣除部分（即150%中的50%）的前提下，申请获得有效研发支出24%的现金返还。这种税基减免的优惠方式与采用税率优惠、税额减免等优惠方式有很大的不同。前者可以看作是事前引导，强调事先优惠，即使企业亏损也能享受到税收优惠政策。而后者则是强调事后优惠，必须先取得收益才能享受到优惠政策。因此,这种税基式减免的效果更好一些,针对性强,确保了税收优惠政策引导能够起到预想的效果。

(2) 中小企业税收政策的立法层次应提高。

国外对中小企业的优惠政策多是通过法律的形式颁布的。例如,美国为鼓励中小企业投资于1997年通过的《纳税人免税法案》以及2001年通过的《减税法案》等。中小企业税收优惠政策的立法层次提高,中小企业经营者以及潜在中小企业创业者对税收优惠的持续性就有了较肯定的态度,有利于企业的持续经营,解除了企业对政策变化的后顾之忧。

第 7 章

促进中小企业发展的有效路径

7.1 支持中小企业发展的财政支出政策

7.1.1 充分发挥中小企业基金的作用

(1) 进一步提高专项基金规模。

目前,我国支持中小企业发展的专项基金种类不少,如科技型中小企业的技术创新基金和创业投资引导基金,再如中小企业发展的专项基金等。这些基金在中小企业发展的过程中给予一定的支持。但是我们也要清楚地认识到,我国支持中小企业发展的基金规模还比较小,国家提出的"汲水作用"还没有表现出来。随着我国经济的持续发展、财政收入的不断提高,我们要积极借鉴国外发达国家支持中小企业创新发展的成熟经验,通过中央或地方财政逐年加大基金规模,保持合理的增速,确保中小企业发展专项基金切实发挥配置、扶持和引导的作用,加大对中小企业创新发展的投入力度。

(2) 发挥中小企业基金的引导作用。

要充分发挥中小企业基金在企业发展过程中的特殊作用,如投资引导基金,要进一步引导社会资本参与企业创业和投资领域,撬动更多的社会资金来解决中小企业创业初期资金短缺等问题。基金的引导作用要注重企业的发展前景,有重点的进行培养,通过阶段参股等方式对其进行有效保障,更好地解决中小企业面临融资这一老大难问题。

而创新方面的基金,在支持方式上,除了要注重引导社会资本参与外,还要统筹协调,充分利用扶持、培育等多种手段,依据国家发展规划和相关的产业和财政政策,以解决市场失灵为切入点,为中小企业的创新发展打开新的局面,重点围绕高新技术行业,支持中小企业在技术创新方面进行突破从而促进整个产业、整个行业的优化升级,不断提高中小企业的竞争力,力求向国际市场迈进,实现中国制造全球开花的局面。

7.1.2 完善中小企业贷款风险补偿机制

(1) 完善贷款风险补偿机制。

政府联合担保公司、保险公司等金融机构,按照一定比例共同承担贷款损失,形成多方共担风险机制,以此来提高银行对中小企业的信贷积极性。自 2015 年财政部启动中小企业代偿补偿试点以来,中央财政安排资金 15.9 亿元,地方财政配套 10.7 亿元,引导北京、安徽、福建、山东、河南、广东 7 省份与银行、担保机构合作,共同建立风险共担机制,降低中小企业融资成本。从目前各地实施情况来看,机制运行存在资金来源单一、补偿额度偏低等现象。建议鼓励地方进一步完善中小企业贷款风险补偿机制,加强省市县联动,注重引导社会资本参与风险补偿资金池的建立,不断扩大中小企业贷款风险补偿资金来源。

(2) 拓展风险补偿资金支持范围。

风险补偿资金在支持中小企业创业扶持贷款、科技成果转化项目贷款、知识产权质押融资贷款等创新创业方面尚处于起步阶段。建议进一步丰富风险补偿信贷产品,降低贷款门槛和信贷成本,简化审贷流程,提高服务效率。同时,针对不同行业的中小企业的资金需求特征,提供差异化、便捷化的融资解决方案。

(3) 提升风险补偿资金使用效率。

根据科技型企业在不同发展阶段对融资方式和融资产品的不同需求,贷款风险补偿机制从中小企业流动资金贷款和技术改造类项目贷款拓展到中小企业创业扶持贷款、科技成果转化项目贷款、知识产权质押融资贷款等多个方面。同时,贷款风险补偿机制将政府对中小企业的信息优势与金融机构的风险管理优势结合,降低了金融机构的信贷风险和政府资金监管成本。建议继续加强政府引导，进一步完善中小企业信用体系建设，注重发展第三方征信、信用评级等机构，通过政府采购服务等模式，面向中小企业开展信用评级，降低金融机构与中小企业间的信息不对称程度。

7.1.3　加大支持中小企业发展财政补贴政策力度

一般来说，财政补贴政策具有很强的针对性，指向明确，是一种体现政府行为意图的政策手段。在中小企业发展过程中，加大对其补贴力度，对其良好发展具有非常重要的作用。政府在推行财政补贴政策的过程中，要有重点、有侧重的进行，这就需要在选择方式和选择对象上下功夫。要与我国国民经济发展相适应，结合目前结构性调整，为提高中小企业生存力、竞争力以及创新能力，以此为补贴目的。

在补贴方式方面，要根据实际情况，及时对补贴手段和对象进行，进行调整。如当前受补贴的中小企业已经初具规模，具备了一定的竞争力和创新能力；或者是整个产业、行业已经趋于成熟，中小企业发展具有良好的营商环境，那么就要适当地减少或者取消补贴，将有限的财政资金转移到其他更需要补贴的对象上面。不仅如此，在具体的补贴过程中，还应注重财政补贴政策的协调性，即财政政策应与相关扶持政策相辅相成，更好地为中小企业服务。

7.1.4　中小企业政府采购政策

一直以来在政府的采购市场上，中小企业未占据任何的优势，这种现象在各国普遍存在。为了促进中小企业的健康成长，各国在采购中制定了很多有利于中小企业发展的政策条例。这种通过政策优惠的途径，帮助中小企业的方式已经成为国际上的一种惯例。在美国很早就通过政府采购政策，来实现对中小企业的支持。根据政策规定，联邦政府每年都要把一定比例采购合同交给中小企业。该国的计算机、半导体以及集成电路等领域的快速崛起，离不开政府采购给予的政策支持。在韩国也有类似的法律要求，政府的所有采购活动要优先中小企业，各地的公共机构也要根据年度预算和计划，面向中小企业编制采购计划。

我国在促进和支持中小企业的发展上，也已经出台了两项相关的法规，即：《政府采购法》和《中小企业促进法》。在政府采购活动中，中小企业能够享受一系列的优惠照顾，如"政府采购必须要对国家的经济发展和政策目标有着一定的促进作用，要以保护环境为前提，帮助少数民族地区和经济落后地区，推动中小企业的成长""政府在采购所需的服务和物品时，要首先考虑中小企业"。现阶段这些规定仅为原则性的条款，在具体操作时缺乏执行的方案和目标，也没有匹配的指导标准，未明确采购品种和数量的比例。

在国内的财政管理中，政府采购不仅是解决必需物品和服务的途径，还是推动商品经济的动力，同时也是政府用于调控政策的一个工具，尤其是对中小企业有着极大的推进作用和有力的政策引导作用。中小企业在推出新的技术和商品化的初级阶段，容易受到市场和消费者的排斥，需要面临较大程度的创新风险。这时，政府率先向中小企业采购新的商品和服务，能够有效地带动市场的需求。促进自主创新产品加快实现变现，推动资金流动，从而使技术创新产品发挥"拉动市场"的效应，帮助科技型中小企业应对和防范市场风险，而且政府在采购的过程中，还可以通过预付货款的途径，为技术研发和创新生产落实资金，从而实现从资金上支持中小企业发展。

（1）完善政府采购扶持中小企业的制度体系。

其一，在现有的《政府采购法》的基础上，制定实施细则来指导具体的实施方法，明确政府的采购要求和中小企业标准。也就是从员工数量、总资产以及销售额度等方面划定中小企业标准，科学的制定参与政府采购的门槛，让更多符合标准的中小企业通过政府采购从中得到支持和帮助。

其二，编制《中小企业政府采购法》，健全政府部门面向中小企业采购应当遵循的相关规定，从法律的角度规范政府采购市场，指导各项政策的顺利落实，为中小企业提供支持，帮助中小企业在政府采购市场中站稳脚步，扩张参与范围。

其三，通过政府围绕采购制定的相关条例和政策，来确认中小企业在其中的地位，占有的比例。观察国际上的一些发达国家做法，政府对中小企业的参与明确地提出了应当占有的比例，为中小企业在政府采购市场中的发展保驾护航。在一些规定细则中制定鼓励政策，激励中小企业相互间加强合作，以联合体的形式参与政府组织的采购活动。政府财政部门，要做好向中小企业采购产品的预算计划。

（2）建立政府采购服务的基础平台。

政府应当健全采购招标信息，制定招投标程序，构建科学的采购体系，采购和投标活动要全程披露，保证其公正性。并设立监管小组，对招投标活动进行评审。这些不仅是从政府内部对采购活动提出的要求，同时也是为了保证中小企业在采购竞争中，得到合理公正的对待，为整个采购活动的公平公正提供保障。这也是政府制定采购制度的本质和目的。

构建全国性的平台，各地的采购信息、招标通知以及招标结果等信息，通过平台进行公布，保障各地的中小企业，能够及时地了解政府发布的相关采购信息，平等公正的进行投标。政府在进行采购信息统计时，优化现有的统计方法，探索更好的方法，使采购政策更好地发挥功能。通过信息的统计和报表体现出政府对中小企业的支持，为政策的进一步健全提供有利的信息作为依据。

为参与政府采购的中小企业，制定信用管理制度，评估各企业的信用等级。由政府部门为主导，向专业机构提出委托，综合各方面的信息进行信用评估并划分等级。在分配采购比例、提供融资担保等活动时，把信用纳入考虑因素之内，优先选择和支持信用情况良好的企业。

（3）降低中小企业参与采购准入条件。

国际上一些国家，在分配采购项目和比例时会提前预留一部分，了解企业实际发展之后，适当的调整准入门槛，使需要支持的企业从中获得帮助，政策的照顾作用得到充分的发挥，提供一个拥有政策支持的发展环境供中小企业成长。

合理的对采购目录进行调整，使更多的中小企业能够进入政府采购市场。制定中小企业所占据的采购比例，尤其是一些印刷、服务外包等适合中小企业的项目，政府可适当地扩大中小企业的占有比例，并给予一定的价格优惠。另外，在保证质量不受影响的基础上，适当的放开对注册资金、资质标准等方面的限制。一些小企业无法独立承担的大项目，也可通过分解交由多个中小企业来完成。为中小企业提供更多的合作机会。

（4）为中小企业提供融资服务。

通常中小企业本身不具备较强的实力，没有足够的资金和生产规模来完成政府大批量的采购需求。为了保证中小企业中标之后,能够顺利地完成合同,政府可以媒介的身份,在中小企业和银行担保机构之间进行沟通和协调,以中标通知和采购合同作为获得资金支持的抵押物,解决资金不足的问题,顺利地完成合同任务。

(5) 大力支持高科技中小企业的成长。

在整个采购活动中,政府要发挥其政策功能,通过各种优惠条例,实现对科技创新型中小企业的支持,鼓励其提高创新能力,强化核心竞争力,带动科技型企业发展,扩张技术创新的市场规模,使初级阶段的需求不足得到弥补。采购政策要体现出对科技创新和经济转型的支持,通过评价体系反映政府对科技创新的支持。通过政府采购实现对市场的宏观调控,带动企业加快转型,调整生产结构,走科技化专业化的发展道路。抑制"两高一资"、技术水平低的企业的发展和扩大。促进中小企业按照国家的产业规划健康发展,从整体上提高国民经济的质量。

在具体实施中,各项功能指标处于同一水平的前提下,优先选择自主创新产品和高科技产业,尤其是取得自主知识产权,以及所提供的产品或服务属于企业的核心技术。如计算机软硬件等。另外,在采购中还要注意企业所采用的生产和消费方式是否满足对绿色和环保的要求。如新能源和节能设备。在采购过程中对供应商实施动态资质管理,通过限制参与资格、制定产品标准,有目的的扶持和引导中小企业向科技型转变和发展。

7.1.5 财政出资设立中小企业政策性银行

中小企业需要资金保障来促进其成长和发展。由于自身的规模和所处的环境产生的金融限制,在发展中普遍存在资金方面的限制,基本的资金需求无法得到满足。业内很多专家和学者认为,解决中小企业资金不足的最佳渠道就是,面向中小企业构建政策性银行。目前国际上很多国家都已经有了先例,如韩国建立的中小企业银行,日本建立了中小企业金融公库以及加拿大建立的发展银行,这些都属于政策性银行,所面对的客户也是以中小企业为主。而国内仅有的一些政策性银行,也全部有明确的定位,而专门面向中小企业的暂时还没有,因此,应当学习国外在这方面的成就,构建以中小企业为目标的政策性银行。

在实际实施中,面向中小企业建立以国家信用和财政支持为基础的政策性银行。通过各种途径和方式的融资手段,为中小企业提供优惠利率的融资活动。这种优惠政策是以中小企业为目标而特别制定的,涉及的范围包括贷款、担保、贴现、利息补贴和信用担保等。该政策旨在落实国家的区域发展规划和产业政策,以优惠的融资条件为符合标准的中小企业提供低利率、长期限的资金帮助,使处于劣势地位的中小企业不再受到融资的限制。

(1) 中小企业政策性银行的导向作用。

通过政策性银行实现政府对市场经济的宏观调控,该银行不是以盈利为目标,而是以落实国家政策为主,向中小企业提供优惠的融资服务为目的。一方面,可以通过政策性银行,为中小企业提供资金支持;另一方面,对商业融资进行引导,通过少量的政策性的融资,促进更多的商业性资金投入。从宏观上对市场经济进行调控,从而实现社会的经济协调。对于一些正处于关键发展时期的中小企业而言,政策性银行提供的融资支持,体现了国家对该产业的重视和支持,明确了政府对未来经济的发展意向。对于商业银行而言,通过政府的扶持活动,了解政府的发展重心,选择跟随政府支持的产业进行投资,有效地减少了投资的风险,还可以享受国家政策的支持,获得较高的收益。政策性的资金支持,可在针对的客户群体成长到一定规模、从其他途径得到资金支持之后,慢慢地减少支持力度至彻底放手,向其他处于成长阶段的中小企业提供服务。

(2) 中小企业政策性银行的主要目标。

围绕政策性银行独有的性质,和中小企业存在的特点,综合考虑制定合理的目标,也就是借助于国家提供的各种优惠政策和资金支持,改善国内中小企业所面临的严峻的资金环境。对中小企业实施结构性的政策支持,围绕着节能环保、科技创新和可持续发展等重点产业,结合其他融资机构一起构建多元化、多层次的融资渠道,帮助中小企业全面实现可持续发展。

在构建中小企业为目标群体的政策性银行时,要从现有的政策性银行的发展过程中总结经验,避开弯路,使政策性银行的特点能够得到充分的体现,保证建设完成后,可以成功地打破国内中小企业目前面临的融资困境。作为同为中小企业提供服务的政策性银行和服务体系,两者之间应当充分的协调,通过信息共享促进共同发展，构成一个全面、系统、高效的网络体系，为中小企业提供完善全面的支持。

（3）中小企业政策性银行的主要功能。

中小企业政策性银行，借助于融资活动推动国家产业政策的实施，这是其存在的主要任务和基本职能。应当在贯彻和落实国家政策的基础上，从资金上实现对中小企业的支持。这和财政提供的补贴有所不同，在执行的过程中，所有的资金支持要以"银行"的方式进行。通过利率优惠、期限优惠和贷款比率控制等措施，向满足条件的中小企业投入资金，帮助他们解决科技创新和成长过程中资金的不足。

①为中小企业提供政策性贷款。

为满足条件的中小企业提供政策性的资金支持，解决其在成长中的资金不足问题，是政策性银行需要完成的主要任务。根据贷款期限的不同，可以把政策性贷款分为长期贷款和短期流动贷款。前者面对的对象是符合国家产业规划方针，和宏观调控条件的企业，为他们提供成长和创业的资金需求；后者是解决中小企业临时性的资金周转不足。

按照优惠的方式，为中小企业提供的贷款可以被分为三种。其一为普通贷款，执行的利率标准和普通商业银行一致，其目的是丰富融资途径。面临的客户群体为保持良好发展势头，有能力承担贷款利率，但未能获得商业银行的贷款的中小企业。其二为低利率贷款，为本身并没有较高的经济效益，但有助于促进社会效益和整体国民经济效益的企业。其三为期限优惠贷款，针对企业所处的成长阶段和未来的发展前景，放宽贷款的年限，适合一些建设和回报周期较长的项目。值得注意的是这些企业所处的行业应当在国家支持的产业范围之内。

②为中小企业提供信用担保。

融资担保也是政策性银行的一项主要的业务内容。完成中小企业政策性银行的建设工作之后，现阶段分散在各级财政部门的信用担保可集中在一起，统一管理。既提高了管理效率，又能更好地进行信用评价。

相比商业性质的信用担保，政策性银行所提供的担保业务属于政策性的担保。可以享受更加优惠的担保比例和费用优惠，因此能够实现更高的效率。政策性担保还可以有效的分化市场风险，对中小企业而言，能够很好地改善融资环境，拓展新的途径。

(4) 政策性银行对不同发展时期中小企业支持方式。

为中小企业解决创业阶段的资金需求。通常企业在创业阶段压力是最大的，自身规模不大，还未形成较强的核心竞争力，随时可能爆发风险。金融机构为了避免承担风险，通常不愿意为其提供贷款，或者提出不合理的融资条件，因此资金问题很难得到妥善解决。而政策性银行的介入，有效地缓解了这种印象，为处于孵化和成长初期的企业解决资金需求问题。

为中小企业解决成长期的短期资金需求。这个时期，企业为了扩大规模和开发新的项目，需要大量的周转资金，而早期的投入还未能实现变现，因此需要从外部获得新的投资，而主要的途径就是由商业银行获得贷款。这时政策性银行就可以解决其短期的资金流动需求，同时，提供信用担保帮助其从商业银行获得贷款，从而实现规模化生产和新项目开发。

为发展成熟的中小企业解决融资之外的需求，如信息咨询服务。在政府的支持下已经成功地在市场站稳脚步的企业，生产已经达到一定规模，管理体系也基本完善，拥有足够周转的资金流和良好的信用。这时对于企业来说，资金方面已经不再需要依赖政府了，因此，政策性银行应当把支持的重点转移到信息咨询等方面。

7.2 支持中小企业发展的税收政策

在中小企业的发展过程中，各项税收工具是促进中小企业优化结构、科技创新和转型发展的有效政策手段。税收政策通过直接优惠减免税和优惠税率和间接优惠税前扣除、加速折旧等方式，鼓励符合国家产业方向的中小企业成长和发展，支持中小企业的科技创新，减少创新活动成本，并引导更多的社会资金投资于中小企业，缓解中小企业创新发展难、融资难等问题通过税收奖限政策，抑制中小企业重复建设、环境污染和浪费资源的生产行为，通过不同行业的税收政策支持农业产业化生产、农产品深加工行业的中小企业成长，对不发达地区新办中小企业采取倾斜性的扶持政策，体现政府的民族区域经济政策。

7.2.1　完善中小企业增值税政策的建议

根据上述对国内增值税起征点政策的分析，完善小规模纳税人的增值税政策主要有以下几个方面：

(1) 修改和统一起征点政策，明确适用对象。

首次将增值税起征点写入条例中的政策是 1994 年国务院颁布的《中华人民共和国增值税暂行条例》，当时条例所称增值税起征点的适用范围仅限于个人。在营改增后，国内形成了增值税暂行条例与《关于全面推开营业税改征增值税试点的通知》（财税〔2016〕36 号）同时并行的情况，但在增值税起征点的规定上两者是一致的，都是明确规定增值税起征点政策适用于个人（含个体工商户，不包括登记为一般纳税人的个体工商户），并没有将现行对企业和单位（小规模纳税人）销售额未超限免征增值税政策明确为起征点政策。

从公平的角度看，起征点设立的初衷之一就是要减轻小规模经济主体的负担，将同样符合起征点数量标准的小规模企业排除在外是不公平的。因此，只要是销售能力低，销售额达不到起征点的要求，就应该享受免税的优惠政策，而不能区别自然人和法人。同时，从实际看，所谓的"销售额未超限免征增值税"政策与起征点政策之间并无实质性的差别。对于增值税小规模纳税人销售额未超限免征增值税，即 2017 年 12 月 31 日前，月销售额 2 万元（含本数）至 3 万元（按季纳税 9 万元）的单位和个人（属于增值税小规模纳税人的企业和非企业单位、个体工商户、其他个人）暂免征收增值税的政策，已经是将个人与企业和单位都适用相同的增值税政策。此外，从国外增值税起征点政策的实践看，大多数国家对增值税起征点的适用对象是没有要求的，无论个人和企业只要符合起征点的数量标准就可以享受免税的政策。

建议修改现行增值税制度中有关起征点的规定，将其适用范围扩大到小规模纳税人，而不是只限定为个人。考虑到未来的增值税制度需要通过立法对现行分别针对货物销售和服务销售的制度进行统一，因而可在增值税立法过程中对起征点政策进行修改和明确。

(2) 结合经济水平的发展适时提高增值税起征点。

增值税起征点上调与否并不完全取决于中国与其他国家的对比结果，更值得参考的是我国经济发展状况以及企业经营成本等因素。近些年，我国经济飞速发展，人民收入水平大幅提高，增值税起征点只有同幅度的提高才能实现降低小微企业税负的目的。从企业成长来看，很多企业是从手工式的作坊到小微企业再到中等规模企业最后一步步成长为行业的领先者。因此，在小微企业规模尚小的发展初期，给予有效的税收优惠，减轻企业负担，才能帮助企业积累发展壮大的资本。

从国内增值税起征点政策的实际改革情况看，为了贯彻落实中央关于支持小微企业发展的要求，对增值税起征点政策是采取了不断提高起征点水平的方式，月销售额由最高2000元提高到目前的最高3万元。这一方面反映了国家不断加大对小微企业的支持力度，另一方面也反映了随着经济发展水平的提高有必要相应提高对小微企业的起征点。

我们从微型企业生存的需要和解决就业两个方面也测算了增值税起征点的理论水平，分析结果表明在现阶段理论上的年销售额应为42万~45万元，因此，国内现行增值税的起征点还有进一步提高的空间。同时，由于增值税起征点的适用范围明确为小规模纳税人，因而小规模纳税人的确定标准也影响到起征点标准的设置。如果提高起征点后导致企业不符合增值税小规模纳税人要求的销售额条件，需要认定为一般纳税人，则起征点优惠政策将会出现矛盾。根据国内有关小规模纳税人的认定标准，其中最低的水平是年应征增值税销售额50万元以下（含本数），由此换算为月销售额的水平是不能超过4.17万元。

综合来看，建议对增值税起征点政策的改革建议为：

一是从国内加大减税降费力度以支持实体经济企业降成本的要求看，现行临时性的月销售额2万（含本数）~3万元（按季纳税9万元）的小规模纳税人暂免征收增值税的政策，在到期后可以考虑延续，以及将其明确为固定的政策；

二是结合国内经济发展的水平和减税政策的需要适时继续提高增值税起征点，即在一定期限内对月销售额2万（含本数）~4万元的增值税小规模纳税人，免征增值税。

三是研究基于不同对象采用多档次起征点政策。从现行增值税的小规模纳税人的确定标准看，目前存在着50万元、80万元和500万元的多重标准情况，其中营改增后有关销售服务的小规模纳税人确定标准偏高，这种情况在增值税统一立法改革后将会有所调整,但最终结果可能还是会出现多重小规模纳税人确定标准的情况。在这种情况下,也可以考虑对不同类型的纳税人采用不同起征点的做法。

(3) 逐步统一增值税小规模纳税人确定标准。

在国内实施营改增试点改革后,增值税有关小规模纳税人出现了新的确定标准。目前对服务业小规模纳税人的规定是年销售额 500 万元以下,这与原增值税纳税人 50 万元和 80 万元以下的标准存在着较大的差距。

从增值税有关增值税一般纳税人资格认定的规定看,并不是要求低于标准的纳税人必须认定为小规模纳税人。"年应税销售额或应税服务年销售额未超过增值税小规模纳税人标准以及新开业的增值税纳税人,可以向主管税务机关登记增值税一般纳税人资格。"但需要满足两个条件,即"有固定的生产经营场所;能够按照国家统一的会计制度规定设置账簿,根据合法、有效凭证核算,能够提供准确税务资料"。也就是说,并不会因为认定标准的存在对纳税人选择认定为一般纳税人形成障碍。

但不同行业的一般纳税人认定标准差别过大,尤其是服务业一般纳税人的认定标准与原增值税一般纳税人认定标准相比明显过高,从企业选择成为小规模纳税人的角度看,还是存在不公平的问题。同时,认定标准过高,也可能加大了小规模纳税人占比,影响增值税"链条"的完整性。因此,有必要考虑对一般纳税人认定标准进行统一。

综合看,随着营改增后对服务业纳税人增值税管理的逐步规范,为了提高服务业一般纳税人占增值税纳税人的比例,进一步完善增值税税额抵扣和征管的"链条机制",平衡增值税新老纳税人之间的负担,可结合原增值税纳税人的认定标准,分次逐步降低服务业一般纳税人的认定标准,将更多的服务业企业纳入增值税抵扣链条。

(4) 研究实行增值税小规模纳税人的免征额政策。

从国外增值税对小微企业的优惠政策来看,也都是实行起征点政策,并没有实施免征额政策的实践情况。但基于国内小微型企业数量巨大的情况,为了进一步支持小微企业的发展,可考虑在小规模纳税人的范围内实施增值税免征额政策。

与起征点相比,免征额是不同的政策制度设计,两者的特点比较如表 7-1 所示。

表 7-1　　　　　　　　　　起征点与免征额的比较

政策类型	规定内容	主要特点
起征点	是对课税对象征税的起点，即开始征税的最低收入数额界限。规定起征点是为了免除收入较少的纳税人的税收负担，缩小征税面，贯彻税收负担合理的税收政策	当课税对象未达到起征点时，不用征税；当课税对象达到起征点时，对课税对象全额征税
免征额	又称"费用扣除额"，是在课税对象的全部数额中预先确定的免于征税的数额，即在确定计税依据时，允许从全部收入中扣除的费用限额。规定免征额是为了照顾纳税人的生活、教育等的最低需要	当课税对象低于免征额时，不用征税；当课税对象高于免征额时，则从课税对象总额中减去免征额后，对余额部分征税

比较来看，在纳税人的收入都低于起征点或免征额的情况下，两个政策对纳税人的免税效果是一样的。但在纳税人收入高于起征点或免征额的情况下，则存在着差别。在起征点制度下，纳税人需要就全部收入纳税，负担会突然增加；而在免征额制度下，纳税人可以在收入中扣除免征额，只就扣除免征额后的收入纳税，负担增加不多。

建议在国内实施增值税免征额政策的主要好处为：

一是可避免小微企业因为起征点而出现的临界点问题，即超过起征点就全额征税，税负突然提高。

二是有助于扩大小微企业增值税优惠政策的优惠面，加大对小微企业的减税力度和支持。因为属于增值税小规模纳税人都可以从免征额政策中获益。

三是起征点改成免征额有利于规范征纳税秩序，加强对小规模纳税人的税收征管。起征点改成免征额能调动一部分小规模纳税人建账的积极性，同时也能减弱部分纳税人的逃税动机。

从国外有关小微企业的增值税政策看，其都是实行起征点的免税政策，而不是实行免征额政策。但结合国内小微企业的数量和促进小微企业发展的需要来看，也可以考虑实行免征额政策。考虑到免征额政策运行的原理，因而其优惠范围不能过大，建议将政策范围限制为小规模纳税人。

综合看，建议国内考虑实施增值税免征额政策。即增值税小规模纳税人对其月销售额，可按照规定标准（如 2 万元/月或 3 万元/月）扣除后的余额计算缴纳增值税（每月不足扣除的可考虑按季扣除）。

7.2.2 完善中小企业所得税政策建议

（1）适度放宽小型微利企业认定标准。

目前企业所得税法实施条例从行业准入、应纳税所得额、从业人数或资产总额等三个方面认定小型微利企业，且在从业人员或资产总额的指标上并没有严格按照统计上应用的大中小微型企业划分办法来制定。

我们认为，基于调节需要而形成的税收政策的相关标准可以与统计角度的划分标准不一致。这种做法有助于满足所得税政策实现所要调控的目标，包括不鼓励小微企业从事国家的限制和禁止行业，强调扶持盈利能力较弱的小微企业。但是，认定条件过多也可能导致政策优惠面不广、政策效果减弱的问题。例如，小微企业一般属于劳动密集型产业，员工人数较多，将从业人数（企业建立劳动关系的职工人数和企业接受的劳务派遣用工人数之和）作为限制享受优惠政策的条件，与鼓励小微企业发挥吸纳就业作用的政策目标相悖。同时，税收征管中以从业人数为标准进行审核的难度也较高。

在现行小型微利企业优惠税率（或减半征收）政策未能改革和完善的情况下，基于应纳税所得额和资产总额已经能够总体上限制享受优惠政策的企业属于小微企业，可考虑放宽小型微利企业对从业人数标准（现行标准为：工业企业100人，其他企业80人），或者直接取消对从业人数的标准限制，从而使更多的小微企业能够享受到优惠政策。

（2）进一步完善小型微利企业所得税的优惠税率政策。

国内小型微利企业所得税减半征收政策的变动情况表明，在加大支持力度上一直采取的是提高年应纳税所得额上限的思路，减半征收的年应纳税所得额上限由3万元逐步提高到6万元、10万元、20万元、30万元和50万元。根据前面分析可知，由于50万元已经实际上突破了企业所得税法实施条例中有关小型微利企业的"年度应纳税所得额不超过30万元"条件。同时，国外部分国家有关小型企业所得税优惠税率的应纳税所得额规模总体上也不超过50万元。因此，未来继续提高应纳税所得额上限的空间有限。

小型微利企业所得税减半征收政策的实际运行结果是导致能够享受优

惠政策的小微企业享受名义为20%实际为10%的税率,而不能享受优惠政策的小微企业适用25%的税率,税率之间的差别过大,且没有形成小型微利企业类别之间的待遇差别。同时,考虑到目前小型微利企业所得税减半征收政策仍属于临时性的政策,在政策到期后是否取消还是继续延续还没有确定。

建议将现行小型微利企业所得税减半征收政策改为优惠税率的制度化规定,从而有利于形成促进小微企业发展的长效机制,且给予小微企业更为稳定的发展预期。针对现行小型微利企业所得税减半征收政策的实际优惠对象主要是微型企业的情况,对小型微利企业所得税的优惠税率政策进一步完善的政策方向是:建议对微型企业和小型企业之间形成差别化的税率档次。

具体看,可以考虑将政策设计为:一是对于符合条件的微型企业,给予10%的优惠税率;二是对于符合条件的小型企业(不同于原小型微利企业),给予20%的优惠税率。由此形成多档次的税率结构。

这种政策设计,可以扩大所得税优惠税率政策的覆盖面,避免目前20%优惠税率实际得不到运用,且还有大部分小型企业难以享受优惠税率政策的情况。

表7-2　　　　　　　　小微企业所得税优惠税率政策调整

企业类型	条　件	税率
符合条件的小型企业	(1) 非限制和禁止行业; (2) 属于符合《关于印发中小企业划型标准规定的通知》(工信部联企业〔2011〕300号)规定的小型企业; (3) 应纳税所得额低于30万元	20%
符合条件的微型企业	(1) 非限制和禁止行业; (2) 属于符合统《关于印发中小企业划型标准规定的通知》(工信部联企业〔2011〕300号)规定的小型企业; (3) 应纳税所得额30万~50万元	10%

(3) 完善小微企业亏损结转政策。

现行专门针对小微企业的所得税优惠政策主要是优惠税率(或减半征收)政策和加速折旧政策,还可以制定对小微企业给予其他专门性的优惠政策。

现行企业所得税有关亏损结转的规定是亏损向后结转的年限为5年,但针对小微企业,尤其是微型企业平均寿命短的情况,如根据第三次全国经济普查资料,2013年我国第二、第三产业关闭破产小微企业累计生存年限为115.9万年,小微企业平均寿命为6.8年,可能会出现一些小微企业的生存周期比5年还要短,创业失败会给创业者带来较大的财务负担。因此,可考虑对小微企业给予更为特殊的亏损结转政策。

一是采用混合结转。该思路是借鉴美国、法国、加拿大等国家的企业所得税政策,允许小微企业的亏损向前结转,即实行混合结转的方式,如允许小微企业向前结转3年,向后结转5年。允许小微企业向前进行亏损结转,可以很好地解决小微企业生存周期短,在企业破产倒闭后亏损得不到弥补的问题。但这种做法突破了现行企业所得税法有关亏损后转的规定,且在实际操作中涉及退税问题,即存在一个以前年度已纳所得税税款的退库问题,会加大税收征管的工作量。

二是延长亏损结转期限。由于小微企业的生存周期短,延长亏损结转期限的实际意义不大。考虑到很多小微企业存在二次、三次创业的情况,如根据国家统计局呼和浩特调查队对2014年4~11月间注册的134家新设立小微企业的调查,首次创业、二次或多次创业新设立小微企业分别占总数的70%和30%。首次创业企业两年中的成活率(即持续经营)达36%,二次或多次创业的成活率达58%。因此,延长亏损结转期限可以通过建立亏损记名制度,对创业者进行二次创业允许按一定比例进行弥补。这种做法没有突破现行企业所得税法亏损后转的规定,但考虑到创业者设立的企业不同,也会增加征收管理的难度。

综合来看,建议对小微企业通过建立亏损记名制度,对创业者进行二次创业允许按一定比例弥补亏损。

7.2.3 完善科技型中小企业税收政策

(1)实行以间接优惠为主的税收政策。

目前,对科技型中小企业所实施的优惠税收政策,主要体现在科技成果收入方面的减免,而忽略了开发过程和研究阶段的支持。采取的优惠方式是主要是以税率和税额方面的优惠为主,这种方式属于事后利益让渡。对促进中小企业科技创新意义不大,因此,在优惠上可考虑以间接的税基式优惠为主。这种优惠主要是针对税前的,可以充分地体现政府对科技创新全程的支持,从而促进中小企业积极地向科技方面发展,推动"天使投资"计划的实施,为中小企业的发展创造一个优越的政策环境,和足够的资金支持。如20世纪50年代末至70年代中期,日本通过设备折旧的方式推动企业引进新的技术设备。在引入设备的首年,把购买设备的费用的1/3纳入成本之中;随后又提出"精密机床特别折旧"的方案,到了80年代又围绕中小企业先后推出了促进"新设备投资"和"新技术投资"的一系列方案。极大地推动了该国技术设备的更新,有效地促进了现代化的全面实现。

建议在税收方面为中小企业提供的支持,向税基式的方向转变,实施税前列支、加速折旧、投资减免等优惠方式。

(2) 增大税收对科技型中小企业的优惠范围。

科技型中小企业,有较多的科技发明和专利,这些可通过转让实现变现,可从这些方面着手,适当的减免转让所得税,从而起到鼓励企业技术创新的目的。同时促进创业初期对无形资产的重视,加大对无形资产的投资力度,最终实现中小企业的技术水平以及创新研发水平的全面提高。另外,借助于政策对科技人才减免个人所得税、成果转让所得税等方面的优惠,让科技人才能够享受到税收优惠,促进中小企业引入高科技人才,并放宽中小科技用于职工培训的费用比例,从而降低税收负担,并促进企业的人才队伍向创新型方向发展。

(3) 中小企业不同发展阶段差别化的税收政策。

通常情况下科技型中小企业要经历四个发展阶段:其一为种子期,其二为创业期,其三为成长期,其四为成熟期。不同阶段需要不同的力度和方式的政策支持,在制定优惠税收政策时,选择适合所处发展阶段的税收类型和工具,从而更好地促进企业的成长。比如,在前两个阶段,把优惠政策的重点放在风险投资方面,鼓励把投资重点放在技术创新方面;在第三阶段时,优惠政策要以融资为主,为技术创新项目所需的资金,给予税收方面的优惠,另外用于再投资的项目收益,政府也应当通过免征和退税的方式实现优惠,从而帮助中小企业积累资金,加快生产扩张的速度。

7.2.4 支持中小企业信用担保的税收政策

(1) 对信用担保机构所得税优惠。

为支持信用担保机构开展中小企业信用担保业务,对中小企业信用担保机构所得税实施优惠税率。地方财税机构可以根据财政实际情况,将地方财政向信用担保机构征收部分所得税给予减免,并将其转入该信用担保机构的风险补偿基金,通过对信用担保机构的税收优惠,支持中小企业发展过程的融资需求。

(2) 延续风险准备金税前提取政策。

中小企业信用担保企业的风险准备金项目分为代位代偿准备金、呆账准备金和普通准备金等几类,这些准备金的风险程度各不相同,信用担保机构在其中所承担的责任也各不相同。在对信用担保机构间接税收优惠实践中,税前提取风险准备金优惠政策效果良好,可制订为一项长期的税收优惠政策,同时进一步调整企业所得税风险准备金扣除政策。可以考虑在对风险准备金进一步细化的基础上,扩大各类风险准备金在中小企业信用担保机构所得税税前提取比例。

(3) 扩大免征营业税的范围。

目前我国只有10%~20%的中小企业信用担保机构,能够享受免征营业税待遇,没有做到对所有机构的普遍优惠,可以考虑进一步扩大免征营业税的范围,或对其中一部分中小企业信用担保机构实施减征营业税措施。

7.2.5 完善和优化税收征管

(1) 充分认识中小企业的重要作用。

对中小企业的忽视会导致中小企业的健康发展,进一步阻碍我国经济的可持续发展以及对就业产生不良影响。因此,财政税务部门应充分认识到中小企业的重要作用,不可轻视中小企业所创造的税收。在具体实施的过程中,摒弃把税收任务的完成程度作为考核基层税务机关的唯一指标,在考核中增加中小企业税收的相关指标,从而引导基层税务在平时的纳税服务中对中小企业的重视。在实践中可以参考加拿大的经验,加拿大国税税务局以中小企业为服务对象,成立"中小企业事务工作组"这一专门机构,其核心任务是全面负责中小企业的应税工作。

(2) 加强纳税服务。

第一，成立专门的服务机构。各国都相继成立了一些专门的服务机构以便促进中小企业的发展。美国专门建立了小企业管理局和低收入纳税人诊所，可以帮助发展遇到困难的中小企业找出问题并解决问题。巴西成立中小企业服务站，在市场、资金、技术等方面全力支持中小企业的发展。法国成立税务委托管理中心，对财务制度不够健全的中小企业进行财务指导和监督，比如提供专业的会计人员指导，并且仅仅收取少量的费用。我国应当成立一些非盈利的专业服务机构，旨在为小微提供简单的会计服务与涉税政策咨询，对中小企业在各方面给予支持和指导，减少新成立企业的纳税成本。

第二，加大政策宣传力度。目前我国的客观现实是中小企业众多，但税收征管人员相对较少，不适宜开展"一对一"上门辅导，可以采用网站宣传、公众号推送及12366热线解答等方式重点开展宣传。我国12366成为纳税人热衷的咨询方式，但是其中等待时间过久的或实际接通率不高等问题仍较为突出，以12366北京中心为例，在一线从事热线咨询的工作人员仅有200余人，远远不能满足咨询需要，增加咨询人员的数量是当务之急。

第三，优化办税软件。针对办税软件出错率高的情况，税务机关在软件服务商招标时应重点考察服务商的后续服务，敦促服务商增加咨询座席，改进系统设置。另外，应当优化网站办税服务厅的模块设置，尽量以简洁明了的方式进行呈现，开辟交流论坛、在线咨询、操作指引等辅导模块，方便操作者自行解决问题。

(3) 大力促进税务代理机构的发展。

税务代理是目前中小企业经常选择的税务服务方式，大力发展税务代理，充分利用税务代理单位所掌握的专业知识和技能为中小企业提供相应的服务，进一步减少纳税成本，避免由于不熟悉税收政策而产生的纳税风险。充分发挥税收的职能能够积极推动中小企业的发展。但在发展税务代理的同时要注重税务代理的规范发展，在实际中很多税务代理经营不规范，不按期申报，扣押企业公章、营业执照的现象时有发生。在发展税务代理的同时也要发展社会公共服务体系，社会公共服务体系可以定位于提供基础的政策咨询而税务代理定位于提供财务处理、纳税申报等有偿服务，多层次服务体系的建立才能为我国的中小企业营造一个理想的运营环境，推动它们的进一步发展。

(4) 简化业务办理流程与征收机构。

第一，简化业务办理流程。在这个方面我们可以借鉴德国、奥地利和新加坡的征管经验，在德国一般的税费都向税务部门缴纳，减少向某些行业协会缴纳费用，对于营业利润在50万欧元以下的中小企业，可以不用提交财务报表，直接纳税。奥地利的税收优惠政策规定，对于营业额在519990美元以下的非公司企业，可以使用会计报表直接纳税。新加坡也有类似的规定，对于年应纳所得额在100万以下的中小企业可以不上报纸质版的财务报表和纳税申报表，而是直接递交电子版的简化表格，这些措施都在一定程度上减轻了中小企业的纳税成本。一方面，对小规模纳税人的纳税申报表进行调整，使其更接近于财务报表，并减少非必要报表的填报；另一方面，鉴于我国的小规模纳税人数量庞大，可以适当延长小规模纳税人的征收期，有利于减轻办税服务大厅征期的人流压力，也便于中小企业纳税人安排申报时间。

第二，简化征收机构。目前我国实行国地税按税种分别征管的模式，这种征管模式存在一定的工作重叠，中小企业规模小，信息化程度不高，人员素质不高，每个征期均需要国地税分别申报，加大了纳税成本。为此，应由一个税务部门专门负责中小企业的税收，由于2016年营改增改革，建议由地税负责中小企业税款征收工作。

(5) 深入宣传辅导，加强对税收政策的认识。

在对中小企业的服务中应当确立"管理和服务相结合"的工作思路，积极尝试各种创新措施以方便纳税人。第一，征集辅导的需求。采取通过管理员下发问卷或纳税人自行登记的方式收集中小企业的纳税服务需求，对所采集的需求进行分级分类处理，制订和实施相应的辅导计划。第二，优化辅导机制。以收集的辅导需求为基础制定相应的辅导计划，例如，开设新成立企业纳税辅导、增值税申报纳税辅导、企业所得税汇算清缴纳税辅导、申报软件及网上办税服务厅操作纳税辅导等专项辅导课程以适应不同需要的纳税人。第三，意见反馈机制。采取网络、微信等多种形式征集辅导反馈意见，包括纳税辅导内容、政策建议等多方面的内容，再针对企业反馈的问题对辅导的内容进行调整。

在辅导的方式上也要注重新媒体方式的应用，利用微信公众号每日进行推送，微博定期更新等，在税务局的网站设计上要简洁，并且开辟税收课堂，按税种、专题等不同对辅导内容进行划分，可以方便纳税人按需查找。

7.3 支持中小企业发展的金融政策

7.3.1 营造有利中小企业发展的金融环境

要建立中小企业贷款风险补偿机制，对银行新增中小企业贷款给予风险补偿。进一步加强考核激励力度。建立健全金融机构小企业信贷情况统计、分析和通报制度，加强对小企业贷款的监测分析和考核，增大金融机构年度考评中小企业信贷投放的考核权重，适当设立中小企业融资服务等单项奖项。同时要实行差异化管理。鼓励银行对小企业贷款实行差异化管理，"单独统计、单独考核、规模优先"，专门设定绩效核算和激励政策，放宽存贷比考核，并提高小企业贷款不良容忍度，中小企业不良率高出自身各项贷款不良率2个百分点以内的，不作为具体业务部门的评级扣分因素。

7.3.2 拓宽中小企业融资渠道

首先，积极拓宽抵质押物范围，开发专利权质押贷款、股权质押贷款、海域使用权抵押贷款等信贷产品，推广应收账款质押融资等金融产品，引导金融资源向中小企业倾斜。进一步探索保险支持中小企业发展的有效路径，如为中小企业提供"走出去"服务，为科技型中小企业提供技术风险保障金等。

其次，放大信贷融资，有条件的地方政府可以设立科技信贷风险池，为初创型科技企业向银行借款提供风险分担。设立天使投资引导基金和创业投资引导基金，撬动社会资本加大对中小企业的金融支持。大力培育和发展股权投资行业，使初创期、成长型的中小企业获得支持。

最后，降低融资成本，严格规范金融机构经营行为，严禁各种不合理收费和各种贷款附加条件，进一步减少涉企收费项目，调低收费标准。深化中小企业贷款"续贷"模式的增量扩面，引导银行机构通过产品创新、流程精简、服务提效等方式减少收费环节。完善政府对银行机构考评机制，将银行中小企业贷款利率和恶意抽压贷情况纳入考评，并通报恶意抽贷银行名单。

7.3.3　加强中小企业金融杠杆创新

进一步发展私募股权。我国民营经济正处于蓬勃发展期，金融生态链较全、有一定规模的高净值人群，拥有发展私募基金的良好土壤，一些发展较快的省市已经形成对私募基金行业的系列化发展政策扶持体系。与此同时，应继续加大力度引导鼓励政府引导基金支持中小企业创新发展。积极推进电商金融、移动金融、传统金融"互联网＋"、互联网股权投融资、网络借贷等五大领域互联网金融的发展。

7.3.4　推进融资担保体系建设

不断优化融资担保服务，大力发展政府性融资担保机构，通过新设、扩资、控股、参股等方式，发展一批政府出资为主、主业突出、经营规范、实力较强、信誉较好、影响力较大的政府性融资担保机构，作为服务中小企业的主力军，支撑行业发展。鼓励有实力的融资担保机构通过增资扩股、引进战略投资者、兼并重组、上市挂牌等方式增强资本实力，发挥资本、人才、风险管理、业务经验、品牌等方面的优势，做精做强，提升核心竞争力。

进一步加强融资担保机构自身能力建设，按照信用中介的内在要求，经营好信用、管理好风险、承担好责任，提升实力和信誉。鼓励银行业金融机构根据国家政策导向，积极扩大、深化银担合作，参与政策性融资担保体系建设，加大与融资担保机构的业务合作力度。建立推进银担合作的常态化工作机制，积极搭建政银担三方沟通平台，重点推动解决银担合作中涉及的信息共享、合作准入、风险分担和担保机构资本金、客户保证金管理等问题，推动建立可持续银担商业合作模式。

改进完善国有担保机构考核机制，完善风险控制指标，降低或取消盈利性指标，提高服务中小企业的成效指标，重点考核中小企业融资担保的业务规模、担保费率、服务情况。充分发挥财政政策引导作用，对符合条件的高风险低收益的中小企业融资担保、再担保业务给予事后补助。

7.3.5　释放中小企业基金乘数效应

完善天使投资引导基金投资服务机制，提高天使投资人投资分红、股权转让所得的税前扣除比例及纳税年度结转的灵活性，对天使投资人因股权激励形成的个人所得税实施分期缴纳，鼓励引导支持成功企业家、职业经理人、产业组织者等为初创企业提供天使投资。进一步推广应用"天使投资+创业导师""天使投资+天使融资""天使引导+天使投资人"服务模式，支持有潜力、有良好市场前景的创业项目迅速转化和产业化。

完善创业投资引导基金投资服务机制，优化创业投资引导基金在阶段参股、跟进投资等方面的资金投入比重，优化引进、扶持社会创投资本与优秀创业投资机构的方式，进一步丰富对中小企业的支持方式与手段。重点通过组建具有不同行业特长的促进中小企业发展的创业投资参股基金，为中小企业提供更加精准的专业支持。通过协同相关部门及国资平台，以及行业协会、金融机构、中介机构的优势资源，扩大项目、资本和服务的沟通渠道，提升中小企业的运营管理水平与竞争能力。通过市场化的滚动运作，充分发挥财政资金杠杆作用，引导社会资本、金融资本为中小企业提供投融资服务。

进一步通过产业扶持类财政专项资金转化、财政存量资金统筹、财政预算安排和基金投资收益等方式筹集资金，进一步扩大产业发展基金的规模，发挥母、子基金的传导放大作用，实现政府主导与市场化运作之间的有效结合，进一步推进我国创业创新和产业转型升级。

7.3.6 完善保险市场化运行机制

按照"政府引导、市场运作、小额分散"的原则，进一步完善小额贷款保证保险市场化运行机制，加强政银保合作，重点在产品开发、风险管理、风险补偿、失信惩戒等方面加大工作力度，进一步细分市场，优化流程，管控风险；加大保险自荐自营业务发展，开发 POS 商户贷、助农贷、文化贷、科技贷等小贷险子产品，扩大贷款支持范围和力度，提升中小企业融资能力。

充分发挥信用保险在企业经营风险分散及融资方面的功能作用，进一步完善"中小企业政府统保平台"和"中小企业信保融资平台"，大力发展中长期、海外投资保险服务，探索"以项目带出口"的发展模式，为广大中小企业提供费率优惠、操作简便、保障齐全的信用险服务，为中小企业"走出去"提供风险保障和融资服务。

试点开展中小企业政策性财产保险，按照"基础保障、广泛覆盖"的原则，开发适合中小企业特点的简便、价廉的保险产品，并在初期由政府给予保费补贴，以提高参保率，为中小企业发展提供风险保障。积极创新保险产品和服务，大力发展中小企业简易承保模式，探索开发电子商务、互联网和科技等新兴保险业务，满足中小企业个性化保险需求，提升中小企业风险应对能力。

7.4 其他配套的政策与措施

7.4.1 优化中小企业产业布局

优化中小企业产业布局，一方面要明确产业重点与空间布局，另一方面还要进一步强化政府对众创空间建设的组织和引导。

(1) 明确产业重点与空间布局。

在产业重点方面，可以以地方城市特色来构建城市中小企业布局，分类引导，重点突出。如以智能化制造和智慧平台建设为导向，抢占高端装备、新材料、新一代信息技术及物联网3大战略产业的发展制高点，加快打造成为经济发展的新支柱。以优化产业组织结构和优化产品技术结构为导向，重新确立绿色石化、能源产业、汽车制造、时尚纺织服装和家电家居5大优势产业的市场地位，加快提升形成地方竞争优势转换的新支撑。以高端制造和高端技术为导向，培育发展生物医药、海洋高技术、节能环保、可穿戴设备等一批新兴产业和业态，加快培育形成未来发展的新优势。以高端服务为导向，积极发展工业创新设计、科技服务、电子商务、现代物流、软件和信息服务、产业金融服务、现代商务服务等一批生产性服务业。

(2) 强化政府对众创空间建设的组织引导。

鼓励支持高等院校、优势企业、重点开发区等依托现有条件及社会资源，建设一批为创客、创业团队、创客企业提供的低成本、全方位、全要素、便利化服务的工作空间、网络空间、社交空间和资源共享空间。此外，可以结合城市布局的特点，充分利用存量商务楼宇和工业厂房、旧式公寓，为年轻创客提供集公共办公区、会议室、活动区和住宿区为一体的、基于"互联网+"的创新创业空间，以及提供理论知识和实践经验互相结合的创新创业服务。

7.4.2 完善中小企业发展体系

（1）促进中小企业规模性发展。

首先，要加强培育引导，制订中小企业发展计划，因地制宜，选择"专精特新"中小企业作为培育对象企业，在拓展融资渠道、加强财税扶持、优化资源配置、深化专项服务、搭建服务平台、开展典型示范等方面提供精准服务，建立和完善中小企业成长的全要素配套体系。

其次，要加强跟踪服务，开展以政策落实、创业创新、融资服务、转型发展等为主要内容的政策宣讲和培训服务，积极为培育对象企业提供更具针对性有效性的专项服务，营造上规升级的积极氛围。

最后，要完善推进规模发展的长效机制，把规模发展作为中小企业工作的主要抓手和重点工作来抓，加强工作指导和服务，建立层层抓落实的工作责任制和考核机制，进一步督促各地落实扶持政策，形成推进工作的合力。

（2）推进中小企业创业基地建设。

一是积极引导乡镇（街道）、社会机构依托工业园区、产业基地，建立中小企业创业基地，为创业者提供生产经营场所。二是鼓励各县（市）区多种渠道引进社会资本，有效利用现有存量土地和闲置场地、厂房等，因地制宜进行规划、改造和再利用，建设适合本地产业发展特点的各类创业基地、集聚区等。三是鼓励创业基地完善公共服务设施建设，引入专业化服务机构，为创业基地内的中小企业提供多功能、个性化的服务。四是修订完善扶持中小企业发展规定办法，支持创业基地为基地内中小企业提供减免租金服务。五是按照国家税收政策，切实把小微税收减免政策落实到位。

（3）支持自主创业。

鼓励利用创业扶持基金自主创业，择优支持就业困难人员创业项目。支持发展农民合作社、家庭农场等新型农业经营主体。大力发展"互联网+"农村电子商务，支持农村转移劳动力从事农村电子商务创业。鼓励大学生、留学生以及高等院校、科研院所、大中型企业的科技人员自主创业。构建创业培训示范基地、公共实训中心、技能大师工作室，实现一站式创业服务。把创新创业教育纳入国民教育体系，全面推进学生创业精神和创新能力的培养。

7.4.3 健全中小企业服务体系

构建中小企业服务体系，有利于推动公共服务政策的实施和发展，促进服务平台为中小企业提供完善全面的服务功能，实现资源共享，为企业间实现快速沟通提供网络平台。推动公共服务体系提升服务水平，为中小企业全面实现创新提供动力。

面对中小企业，国外提供的支持更多地倾向于政策，通过直接或非直接的渠道，构建公共服务平台，围绕中小企业，从各个角度和各个层面提供支持和服务。日本在构建社会化服务体系时，政府投入了大量的精力进行引导。由政府部门主导，构建了由高等院校、金融组织和中小企业共同承担的服务体系。各个组织以政府为中心相互协调，分工合作，形成了面向全社会的统一的服务体系。并由政府提供资金，建立了"中小企业信息中心"，在国际范围内采集和汇总各类与中小企业相关的技术信息和市场信息。同时，政府还制定了技术顾问制度，在社会上聘请一些经验丰富的专家和技术人员作为顾问，向中小企业提供技术咨询服务和现场指导。帮助中小企业研究和验证新技术和产品的可行性，为中小企业的创新和新技术开发提供技术方面的支持。意大利也通过构建社会化服务体系，从融资、政策、咨询、税收等方面，为中小企业带来支持和促进。该服务体系为中小企业所提供的保障全面的覆盖了整个产业链。德国在科技开发方面，为中小企业提供支持。借助于对各高等院校和科研组织等机构建立的开发中心和技术成果转化中心提供支持，实现从技术信息方面为中小企业提供支持。

国内围绕中小企业，持续的完善和健全服务体系的建设。需要政府从财政方面提供支持，加大资金规模和支持范围，帮助服务体系加快建设进度，早日实现为中小企业提供服务的目的。

(1) 加大对公共服务平台建设的政策支持。

从财政方面提供资金支持，发挥引导作用，加快公共服务平台建设。财政部划拨专项资金，用于对中小企业发展的支持。并从中央财政中为技术改造提供预算资金，对平台建设和后期的运营提供支持。通过财政资金发挥的导向作用，促进社会投资规模的壮大，加快平台的建设。从加强服务、改善环境和提供健全的服务体系等方面，为中小企业的发展提供全面的支持。在实际实施中，围绕着融资服务为中心，鼓励担保机构大力发展，为中小企业提供资金担保，解决资金的限制。开展各种类型的创业服务，如知识产权、经营管理和会计知识培训。并提供政策咨询、财税代理、市场策划以及人才交流等全面的服务。为平台提供的服务制定评价标准，对信誉和服务质量较高的，给予服务补助和认可，引导平台运营走向规范化。

（2）加快信息化进程、增加中小企业信息渠道。

现阶段中小企业多数在商务沟通方面和市场信息方面存在不足，由于缺乏信息来源，或交易需要支付较高的成本，企业很难准确地把握市场动态，在竞争中失去了先机和优势。对此，可借助专项基金的方式，从信息咨询、技术培训等方面为企业提供支持，解决中小企业处于经济时代的环境中对信息的需求。为中小企业提供各种参与交易会和展览会的机会，促进其开拓新的市场。

（3）逐步建立和完善中小企业创业辅导体系。

创业辅导体系是构成整个社会化服务体系中的重要一环。目前国内这方面的发展还比较落后，因此，对中小企业的发展和创新形成了阻碍。从为中小企业提供创业支持和咨询为出发点，在制定财政及税收方面的优惠政策时，综合社会上的各种资源，加强扶持中小企业的力度，促进中小企业提高成功创业的概率。使创业辅导体系为培养具备良好发展条件和前景的科技型企业发挥作用，从技术支持、信息咨询以及政策分析等方面为中小企业的发展提供服务，为企业和创业者提供管理知识的培训，促进中小企业提高整体的管理水平和质量。

7.4.4 完善配套的发展政策

进一步优化财政支出结构，完善普惠性税收政策，推进结构性清费减负工作，发挥政府采购扶持作用。

首先，要实施创新驱动发展战略，持续推动大众创业万众创新。健全财政科技投入稳定增长机制，财政科技投入的方式向事前资助、事中跟投、事后补偿、政府奖励等多种投入方式转变，撬动、吸纳、引进更多社会资金进入高新技术产业和新兴产业。推进科技与金融深度融合，支持发展科技银行和科技保险机构，扩大政府创业投资引导基金和天使投资基金，支持引进风险投资公司，鼓励组建风险投资专业服务联盟，发挥市场力量对创新的发现和推动作用。

其次，要强化财政政策工具运用，全面构建现代产业体系，完善现代产业政策扶持体系。规范政策制定，对确需实行财政扶持的项目，通过投入补助、业绩奖励、政府采购、产业基金投资和强化政府服务等合法合规的方式予以扶持。加强政策统筹，按照事权与支出责任的划分原则，进一步明确各级政府在产业扶持上的分工与侧重。优化整合现行政策，针对各部门出台的目标相近、资金投入方向类同、管理方式相近的财政产业政策。财政扶持方式从直接补贴企业向创投基金、股权投资基金、产业发展基金等市场化补助转变。进一步加快产业发展基金组建运行。积极探索"风险补偿+股权投资"模式，研究在产业引导基金中安排风险补偿资金，对社会资本进入创业投资领域给予风险补偿，鼓励和调动社会资本投向初创期中小企业的积极性。按照"地方财政+金融资本"的模式，研究发展金融控股公司模式，打造高端金融控股平台。通过对战略金融资源的经营管理，吸引各类金融要素资源集聚，着力培育多元化、多层次的金融机构体系和金融市场体系，做大做强地方金融产业，切实增强金融服务实体经济的能力，推动全国中小企业转型发展，创新发展，促进地方经济的可持续增长。

再次，要切实优化营商环境，贯彻落实减税降费政策，全面推行"营改增"改革，落实高新技术企业、中小企业所得税优惠、固定资产加速折旧、研发费用加计扣除等政策，简化中小企业优惠政策兑现手续；继续清理涉企行政事业性收费和政府性基金，实行收费目录清单管理，常态化公开，便于社会监督。同时，加快建立健全财税政策法规体系。密切关注自贸试验区、"一带一路"建设动向，积极研究相配套的财税政策，形成与国际投资、贸易通行规则相衔接的基本制度框架，努力营造一流的国际化、法治化、市场化营商环境。

最后，要探索建立特色税收体系，主动对接中央税制改革部署，结合各地实际，提前开展政策研究并做好相关测算分析工作，积极稳妥推进税制改革，贯彻落实中央税制改革各项措施，稳步推进"营改增"扩围、消费税等税制改革。落实国家统一制定的税收等优惠政策，充分发挥税收政策对促进经济结构优化和增长方式转变的调节作用。注重加强区域间的沟通，争取有利于经济产业发展的税收政策，探索建立地方税收体系。与此同时，落实中央清理规范税收等优惠政策的要求，探索建立优惠政策评估及退出机制，构建公平的税负环境。落实中央和省关于清理规范涉企收费工作的要求，严格落实国家明令取消、停征和减免收费基金的政策，实行目录清单管理，加强涉企收费监管。结合税制改革，依法将具有税收性质的收费基金改为税收。

附录

附录1 上海市浦东新区国家"小微企业创业创新基地城市示范"实施方案

上海市浦东新区位于上海市黄浦江东岸,背倚长三角都市群、面向浩瀚无垠的太平洋,面积1210平方公里,常住人口540多万人,面积和人口均占上海市1/5左右。浦东因改革而生、因改革开放而兴、以改革开放为己任,开发开放以来,浦东经济社会发展取得了巨大的成就,被誉为"中国改革开放的象征,上海现代化建设的缩影"。

2014年,浦东生产总值为7110亿元,占全市近1/3;第三产业占比达67%,发展能级进一步提升。截至2014年年底,浦东拥有各类企业172475户,其中99%为中小微企业,占全市1/3强。浦东中小微企业,一是社会贡献大。贡献了浦东生产总值的70%、财政收入的60%以上,提供了200万人以上的就业岗位、占就业岗位总数的75%。二是综合实力强。总量大,优质企业多,其中高新技术企业就占浦东经认定的1364家高新技术企业的80%以上。三是创新活力强。占浦东每年2万件的专利申请量的80%以上,占浦东525家经认定的国家级、市级企业技术中心和区级研发机构的70%以上。四是企业形态新。培育了一大批"四新",即新技术、新产业、新业态、新模式代表性企业。五是产业布局优。依托张江等4大国家级开发区,引导中小微企业集聚发展,形成了一批特色鲜明的产业集群。

但也应该清醒地看到,浦东中小微企业的发展,离国家部委的要求还有一定的差距,还有一些问题亟待解决,特别是在商务成本居高不下的国际化大都市地区,如何利用全球资源,激发、促进大众创业、万众创新,是当前浦东正在思考和探索的问题。开展小微企业创业创新基地示范，无疑是一个良好的契机，浦东在这方面也具备诸多有利条件。

一是改革创新氛围浓厚。浦东既是国家（上海）自由贸易试验区和张江国家自主创新示范区融合地，又承担着国家综合配套改革试点、上海科技创新中心建设的重大使命，对外开放和改革创新必将为小微企业创业创新基地示范带来新的机遇。

二是要素市场发达。浦东目前集聚了证券、期货、产权、石油、黄金等14个交易所，且集聚了监管类国内外金融机构850多家，投资等新兴金融机构3000多家，为小微企业创业创新对接资本市场提供了多样平台。

三是科技资源丰富。上海有66多所高校、497所国家级（43）、市级科研院所，为浦东企业开展产学研合作提供了有力支撑。浦东高新技术企业数量、研发机构数量、申请专利数量、技术合同交易额、专精特新企业数量均居全市第一，科技型企业、科研机构、科技服务公共平台形成"群聚"效应。

四是产业生态优良。现代服务业与战略性新兴产业融合发展（见附件6、7），产业门类较为齐全，在软件、集成电路、生物医药等领域涌现出一批龙头企业，带动相关产业链形成，为小微企业生存发展创造了空间和提供了依托。

五是多层次人才融合。浦东是国家"国际人才实践区"，人才呈现多样化、高端化、国际化、年轻化等特征，是创新产业的坚实力量。

六是辐射带动力强。新技术、新模式、新业态源源不断地从浦东辐射到其他区域。张江药谷研制的新药绝大多数在兄弟省市实现了产业化，一大批在浦东创业孵化的企业走向内地发展壮大。

七是国际化、外向型的资源汇聚。金融、法律、各类专业服务机构等国际化资源汇聚，可为小微企业发展提供多元化服务与支撑。

承担小微企业创业创新示范任务，浦东有上级的支持，自身也具备诸多条件。浦东将倍加珍惜此次基地示范工作的宝贵机遇，在国家部委和上海市的指导下，充分尊重市场的决定性作用，借助深化自贸试验区、综合配套改革试点等重大平台，坚持改革创新、先行先试，尽快找到新办法、形成新机制，率先为全国小微企业服务提供示范和借鉴。

1.1 浦东新区支持小微企业发展的有关情况

1.1.1 小微企业发展情况

小微企业是浦东经济发展的一支重要生力军,浦东的发展与小微企业息息相关、紧密相连。截至 2014 年年底,各类市场主体 252924 户,其中企业 172745 户(2014 年新登记 4.1 万户)、农民专业合作社 4467 户、个体工商户 75712 户。浦东小微企业 11 万多户,占浦东企业总数 65% 左右,占全市的比重超过 1/3,吸纳就业人数 103.4 万人,占浦东新区就业人数 40% 左右;从小微企业的产业分布看,第一产业约占 0.5%,第二产业约占 13.2%,第三产业约占 86.3%。第二产业的小微企业主要分布在电子信息、生物医药、汽车制造、高端装备、新材料、新能源、节能环保和精细化工等领域,第三产业主要分布在软件和信息服务业、文化创业、金融服务、航运物流、中介服务和商贸等行业;从区域分布来看,制造业小微企业主要分布在外高桥、金桥、张江、康桥、临港、国际医学园区、南汇工业园等园区,服务业主要分布在陆家嘴、三林世博、张江、金桥、外高桥等园区和沿江、各街镇商务楼。

2014 年,浦东新区小微企业营业收入为 2473.51 亿元,营业利润为 190.15 亿元,纳税总额为 107.37 亿元;小微企业技术成交额为 32.41 亿元,占浦东新区总量的 21.75%;2014 年专利授权总量 10896 件,其中发明授权 3139 件,实用新型授权 6454 件,外观设计授权 1303 件。其中小微企业专利占比接近 30%。

2014 年浦东新区共实现电子商务交易额为 3544.15 亿元,占浦东新区商品销售总额的 18%,占全市电子商务交易额的 26.2%,交易额同比增长 12.7%。其中 B2B 交易额为 3263.1 亿元,占全市的 30.7%,交易额同比增长 10.9%;网络购物(B2C/C2C)交易额为 281 亿元,占全市的 9.8%,交易额同比增长 38.5%(其中商品类交易额为 205 亿元,同比增长 51.5%;服务类交易额为 76 亿元,同比增长 12.4%)。第三方支付交易额为 73850.7 亿元,同比增长 33.8%,仍保持快速增长趋势。

浦东新区在上海市自主品牌建设的指引下,非常重视小微企业的品牌建设工作,出台了自主品牌和标准化建设实施办法,支持企业的品牌建设。2014 年浦东新区商标注册总数为 72582 件,小微企业占比超过 60%。

1.1.2 创业创新基地发展情况

浦东新区拥有总计 97 个小微企业创新创业基地（经认定或授牌）（见图 1），面积超过 200 万平方米，初步统计 2014 年浦东新区地方财政共投入 3 亿多元，用于基地建设、运维方面和对小微企业空间使用费的补助等。

图 1　浦东新区小微企业创业创新基地总布局

1. 众创空间

据初步统计，浦东目前建有 15 个众创空间，其中浦东创客等创客空间，总的基地面积为 15 万平方米，集聚各类产业投资资本 100 多亿元。浦东新区的众创空间相关情况见表 1：

表 1　　　　　　　　　　创新型孵化器和创客中心

序号	名称	类型	面积（平方米）	入驻企业或项目（家）
孵化器				
1	上海济浩投资管理有限公司	互联网方向	610	10
2	云霁（上海）信息科技有限公司	互联网+文化	280	7

续表

序号	名 称	类型	面积（平方米）	入驻企业或项目（家）
孵化器				
3	上海芯咖元科技发展有限公司	集成电路（IC）	281	11
4	上海禹容网络科技有限公司	互联网+	221	12
5	上海和付信息技术有限公司	移动互联网金融	305	5
6	上海海灿企业管理有限公司	海洋科技	100	19
7	上海临港新兴产业城经济发展有限公司	互联网+	3720	2
8	上海智为机器人有限公司	智能硬件	823	11
9	上海来投吧信息技术有限公司	信息电子等	100	24
10	上海张江管理中心发展有限公司	互联网+、IC+	1000	24
11	上海展想物业管理有限公司	互联网	5360	35
创客中心				
12	蘑菇云	众创空间	823	11
13	蚂蚁空间	众创空间		
14	浦东创客中心博济堂	众创空间	950	25
15	浦东创客中心芯家园	众创空间	282	15

2. 小企业创业基地

截至 2014 年年底，浦东新区认定的创业园区有 13 家，总面积 18.4 万平方米，在园创业组织 1090 家，带动就业人数 10004 人。有 10 家区级示范性创业园区，其中张江孵化器、上海双创产业园、上海康桥先进制造技术产业园、张江移动互联网孵化器、上海东方尚博创意产业园等 5 家创业园区被评为市级示范性创业园区。

表2　　　　　　　　浦东新区认定的创业园区一览表

序号	园区认定资质	名 称	地 址
1	市级创业孵化示范基地、市开业园区	上海双创产业园	峨山路 613 号
2	市开业园区	川沙新镇开业园区	川沙 6999 号 B5 幢
3	市开业园区	潍坊开业园区	张家浜路 37 弄 4-5 号
4	市开业园区	三林世博开业园区	上南路 4588 号

续表

序号	园区认定资质	名称	地址
5	市级创业孵化师范基地、市开业园区	上海东方尚博创意产业园	东方路3539号
6	新区大学生创业基地	交大金桥科技园	金海路2588号
7	市级创业孵化师范基地、新区大学生创业基地	康桥先进制造技术创业园	康桥镇秀浦路2388号
8	市级创业孵化师范基地、新区大学生创业基地	张江移动互联网孵化器	盛夏路560号410室
9	新区大学生创业基地	金桥谷创业产业园	金高路2216弄35号
10	市级创业孵化师范基地、新区创业孵化器	上海张江企业孵化器	张东路1387号16栋D座2楼
11	市开业园区	海明通前滩创意园创业园区	三林路88弄
12	新区大学生创业基地	创智空间张江信息园	金科路2966号
13	新区大学生创业基地	浦软孵化器	博霞路22号

3. 科技孵化器

截至2014年年底，共有市级以上科技企业孵化器28家，总量居全市各区县之首。孵化面积为50万平方米，在孵企业1482家。其中国家级8家，上海市级14家，市级以上孵化器数量占全市的21.8%；孵化面积为39万平方米，累计毕业企业416家。

表3　　　　　　　　浦东新区孵化器一览表

序号	名称	类型	面积（平方米）	在孵企（家）
1	上海张江企业孵化器经营管理有限公司	综合类	26852	200
2	上海莘泽创业投资管理有限公司	移动互联网	14405.02	45
3	上海极喀孵科技服务有限公司	互联网	10120	112
4	天翼科技创业投资有限公司	电子信息	5000	10
5	上海智百咖信息科技有限公司	集成电路	423.6	7
6	上海浦东软件园创业投资管理有限公司	软件	23302.5	59
7	上海临港海洋科技创业中心有限公司	海洋科技	4800	51
8	上海康桥先进制造技术创业园有限公司	先进制造	72000	62
9	上海张江药谷公共服务平台有限公司	生物医药	43784.49	79
10	上海英科创业投资管理有限公司	新能源	4884.65	23

续表

序号	名称	类型	面积（平方米）	在孵企（家）
11	上海都市工业设计中心有限公司	工业设计	11536.02	54
12	上海衍禧堂企业管理有限公司	医疗器械	10968	15
13	上海晟唐创业投资管理有限公司	电子商务	23338	50
14	上海交大科技园金桥企业发展有限公司	先进制造	7237	54
15	上海张江生物医药科技发展有限公司	生物医药	9253	28
16	上海国际医学园区创业投资有限公司	医疗器械	12361	30
17	时代出版传媒投资研发中心（上海）有限公司	文化创意	5978	20
18	上海临空科技创业有限公司	航空配套	7379	80
19	上海八六三信息安全产业基地有限公司	信息安全产业	19960	
20	上海盛英科技发展有限公司	微电子	10050	40
21	上海张江高新技术创业服务中心	综合类	23638	85
22	上海张江数字出版文化创意产业发展有限公司	数字出版	90000	160
23	上海浙大网新德维创业投资有限公司	综合类	10570	27
24	上海极喀孵科技服务有限公司	互联网+	10120	40
25	宇海数园投资（上海）有限公司	数字内容	6400	30
26	上海亮景投资管理有限公司	互联网+	8300	22
27	上海临港软件园发展有限公司	软件及信息技术	16000	83
28	上海海灿企业管理有限公司	海洋科技	11000	16

4. 商贸企业集聚区

浦东商业设施面积总量约为900万平方米（其中社区商业面积约为550万平方米），在建商业面积约为323万平方米。空间布局方面，浦东已建成4个服务业集聚区、1个市级商业中心，8个地区商业中心，7个社区商业示范区，多层次的商业布局基本成形。浦东新区商贸企业集聚区相关情况见表4、表5、表6：

表4　　　　　　　　浦东新区现代服务业集聚区一览表

序号	名称	空间规模	业务导向
1	陆家嘴金融贸易区	规划占地面积170公顷，规划总建筑面积436万平方米，已建368万平方米，在建61万平方米	主导产业为软件、动漫、网络游戏、数字出版、新媒体和信息服务业等

续表

序号	名称	空间规模	业务导向
2	张江高科技创意文化和信息服务业集聚区	规划占地面积 7590 公顷，规划总建筑面积 1600	主导产业为金融、商贸商务服务、航运、会展旅游等现代服务业
3	世博会展商务集聚区	规划占地面积 2.38 平方公里，规划总建筑面积 153 万平方米	主导产业为文化博览创意、总部商务、高端会展、旅游休闲等
4	花木国际会展集聚区	规划占地面积 100.8 公顷，规划总建筑面积 108 万平方米	主导产业为会议展览、商业贸易、商业服务、文化创意等现代服务业

表5　浦东新区市级商业中心、地区商业中心一览表

序号	名称	空间规模	业务导向
1	小陆家嘴－张杨路商业中心（市级商业中心）	总用地面积约 219.1 公顷，商业建筑面积约 91.84 万平方米	积极发展都市商业、餐饮娱乐、都市观光、文化休闲等城市综合功能
2	御桥商圈（地区级商业中心）	规划商业建筑面积 40 万平方米	以居住及配套商业服务功能、商务办公、专业市场为主
3	外高桥新市镇商业中心（地区级商业中心）	规划商业建筑面积约 52 万平方米	定位自贸区特色商业，以"前店后库"报税展示交易中心，进口商品直销中心、跨境通合作线上线下融合经营、平行进口汽车等商业业态为特色
4	唐镇新市镇商业中心（地区级商业中心）	规划用地 85 公顷，规划商业面积约 50 万平方米	以大型都市购物中心为核心，打造地区级商业、商务综合体
5	世博园区商业中心（地区级商业中心）	总用地面积 19.9 公顷，规划总建筑面积 139.44 万平方米，商业面积约 60 万平方米	以商务、会议会展、商业、酒店为主导功能
7	周浦商圈（地区及商业中心）	规划商业建筑面积 32.8 万平方米	作为服务周康地区居民的商业中心，集中了特色餐饮、购物、休闲娱乐和文化设施
8	川沙商圈（地区及商业中心）	规划商业建筑面积 21.72 万平方米	以川沙本地餐饮为特色，集购物、休闲娱乐为一体
9	临港中心区商业圈	规划商业建筑面积 50 万平方米	依托滴水湖生态景观，发展商务楼宇、星级酒店和商业设施

表6　　　　　　　　　浦东新区社区商业示范区一览表

序号	名称	空间规模	业务导向
1	临沂社区	3万平方米	华联社区购物中心、超市、专卖店、菜场
2	碧云社区	9万平方米	大型综合超市、体育休闲中心、专业专卖店、特色餐饮
3	文峰购物广场	10万平方米	文峰超市
4	联洋社区	5.1万平方米	社区购物中心、菜场、特色餐饮、便利店
5	世博家园	6.7万平方米	超市、菜场、餐饮、便利店
6	金杨社区	1.9万平方米	超市、菜场、餐饮、便利店、维修服务店
7	证大家园	2.1万平方米	大型综合超市、特色餐饮、便利店、菜场、经济型酒店

5. 文创创意产业园区

近几年间，浦东创意产业园区迅速崛起，现有经评审认定的创意产业园区20家，其中有6家通过上海市级创意产业园区评审。目前，新区20家已认定的创意产业园区的占地面积231.68万平方米，总建筑面积为190.57万平方米，年营业收入1191.12亿元，共容纳企业2520家，实现直接就业10.1万人次。浦东文化创业产业园区基本情况见表7：

表7　　　　　　　　　浦东文化创业产业园区一览表

序号	园区名称	园区地址	级别	占地面积	建筑面积
1	上海张江文化创意产业园区	张江高科技园区	国家级、市级	46000平方米	92000平方米
2	国家对外文化贸易基地（上海）	马吉路2号	国家级、市级	7995平方米	94900.08平方米
3	中国移动互联网视听产业基地	新金桥路27号	市级	37.9万平方米	44.2万平方米
4	喜玛拉雅艺术中心	芳甸路1188弄1号	市级	3万平方米	15万平方米
5	上海双创产业园	峨山路613号	市级	7363平方米	14528平方米
6	张江创星园	达尔文路88号	市级	20000平方米	14920.5平方米
7	波特营文化创意园	商城路889号	区级	12807平方米	15307平方米
8	上海东方尚博创意产业园	东方路3539号	区级	15000平方米	19500平方米
9	博大汽车公园	国展路189号	区级	100000平方米	36570.29平方米
10	上海民间创意文化基地	东后老街6号	区级	9766平方米	5488平方米

续表

序号	园区名称	园区地址	级别	占地面积	建筑面积
11	陆家嘴软件园	峨山路91弄98号	区级	43.12公顷	30万平方米
12	3048创意园	灵岩南路295号	区级	18666平方米	18361平方米
13	创智空间张江信息园	金科路2966号	区级	13080平方米	2582平方米
14	上海浦东软件园	博云路2号	区级	115万平方米	57万平方米
15	浦东唐镇电子商务迎新港	上丰路977号	区级	19500平方米	1.56万平方米
16	丰华园	东方路3601号	区级	20402平方米	31186平方米
17	华晔创意园	峨山路111号	区级	6860平方米	11000平方米
18	尚馥*骊湾88	杨新路88号	区级	8043平方米	15048平方米
19	金桥谷创意产业园	金高路2216弄35号	区级	11645平方米	16000平方米
20	左岸88	浦东北张家浜路88号	区级	9645平方米	21000平方米
21	上海前滩尚博创意产业园	三林路158号	新建		

总的来看，浦东在大力拓展创业园区规模、数量的同时，要求创业创新园区必须拥有园区管理需要的专业资质、组织服务机构设置、相应的管理服务办法和工作人员岗位职责；从事创业园区工作的人员必须定期参加有关部门组织的培训，主动了解创业服务内容和创业政策，提升创业服务水平和能力；要求制定、优化并实施创业园区服务流程、准入与退出机制、创业指导服务规程、日常运作管理等相关管理制度。

1.1.3 公共服务体系建设情况

1. 着力加强服务机构和载体建设

（1）建立了全覆盖的中小微企业服务网络和区级总载体。

根据中小企业的发展需求，成立了浦东新区中小企业发展领导工作小组及办公室和中小企业管理处；建立了"1+44+X"的服务机构网络，"1"是成立了浦东新区中小企业推进服务中心；"44"是浦东新区各开发区管委会、街镇成立了44家中小企业服务分中心；"X"是认定了100多家社会化服务机构。

在服务载体上专门建立了"浦东企业中心"，中心集聚了为中小微企业服务的各类功能。

（2）建立创业服务体系。

针对市民创业群体，设立了浦东新区创业指导服务中心、浦东新区开业信息交流服务中心，并在全区36个街镇社区事务受理服务中心设立"创业指导服务"窗口。

针对大学生创业群体，各高校内部设立了创业指导服务中心，开展各类就业、创业咨询活动，提供创业空间和启动资本。

针对青年创业群体，以浦东新区青年商会为重点，建立了青年创业服务平台创业咨询点，组织专人负责接受青年创业者的咨询。利用各创业园区、孵化基地、创意产业园设立公共创业服务机构。据统计，公共创业服务场地面积达68.3万平方米，在职工作人员1342人，其中具有相关中级职业资质人员885人，初级职业资质人员427人。

（3）建立孵化器联盟。

针对创业孵化器建设，成立了浦东新区孵化器联盟，进行以张江为中心的两个公共创业苗圃试点，其中张江创星园是经国家工信部认定的"国家中小企业公共服务示范平台"，也是国内首个经国家科技部认定的国家级设计产业高新技术创业服务中心。

2. 为小微企业创业创新提供多元化服务

一是针对浦东新区中小微企业发展的有关情况，提供政策辅导、补贴申请、项目设计、技术创新和质量、人才和培训、投融资、市场开拓、管理咨询、法律等服务事项。

二是为创业者提供全方位服务。按照"统筹协调、资源共享"的理念，新区不断加强政府各职能部门、企业以及社会组织之间的合作，力求充分利用各方资源，为创业者提供全方位、立体式的公共创业服务，初步形成政府主导、社会参与的创业服务格局，并取得了积极的成果。新区各有关部门公共创业服务机构累计为6000多名创业者和意向创业者提供贷款咨询、政策辅导、补贴申请、项目设计等创业服务。通过各类公共服务活动的统计，有近4万家小微企业享受了公共服务。

3. 打造国家级、市级公共服务平台

一是技术研发公共服务平台：截至2014年年底，浦东新区共有市级公共技术服务平台32家（见附件8），占全市的1/4。其中，生物医药类平台占浦东的65%，占全市的1/3。

二是中小企业公共服务示范平台：截至2014年年底，浦东新区共有国家级中小企业公共服务示范平台5家，市级中小企业公共服务示范平台7家，区级中小企业公共服务机构127家。

表8　浦东新区国家级、市级中小企业公共服务示范平台名单

序号	级别	服务机构名称
1	国家级	上海都市工业设计中心有限公司
2	国家级	上海棕榈电脑系统有限公司
3	国家级	上海浦东软件平台有限公司
4	国家级	上海莘泽创业投资管理有限公司
5	国家级	上海康桥先进制造技术创业园有限公司
6	市级	上海理想信息产业（集团）有限公司
7	市级	上海通和企业咨询有限公司

4. 在政府财力安排上注重对公共服务体系建设投入

"十二五"期间，浦东新区政府针对公共服务体系建设投入资金达30多亿元，建设了浦东企业中心、各类服务载体，以及上海光源中心、化合物样本库、信息安全中心、药谷公共服务平台等一大批技术研发公共服务平台等。

1.1.4　商事制度改革等落实情况

1. 商事制度改革方面

（1）先照后证。

作为商事制度改革的重要组成部分，浦东新区严格按照《国务院关于取消和调整一批行政审批项目等事项的决定》，先后将134项工商登记前置审批事项改为后置审批，直接依申请按照规范表述核准经营范围，使企业登记更加便利。

（2）注册资本认缴登记制。

浦东新区充分发挥市场监管体制改革优势，积极借鉴自贸区先行先试相关经验，优化措施全力推进，新政实施一年来，浦东注册窗口共接待咨询近49万人次，名称预核准57537户次；受理各类企业登记163626户次，同比增加114%，显示出新政实施对"大众创业、万众创新"的激发效应。新政实施1年后，各项主要指标数据如下：

表9　　　　　　浦东新区企业注册制改革后 2014 年企业注册情况

	新设企业总数（家）	内企（户）	注册资本（亿元）	外企（户）	注册资本（亿美元）
新政后	43393	40390	6896.77	3003	320.59
增长率%	93.26	90.96	195.13	130.65	468.42

（3）企业年报公示制。

2014 年 10 月 1 日《企业信息公示暂行条例》（以下简称《条例》）正式实施后，浦东新区组织培训、制作操作手册、加大媒体宣传等各种方法增加企业的普及度、认知度。累计培训场次 172 次，干部培训 1920 人次，市场主体培训 70301 人次，发放资料 53200 份，在近 79 户媒体网络上开展公益宣传，悬挂横幅宣传 115 条，完成各类咨询 5100 余次。截至 2015 年 4 月底，各申报公示数据如下：

表10　　　　截至 2015 年 4 月底浦东新区企业年报公示情况　　　　单位：家,%

年度	类别	应申报公示	已申报公示	公示率
2013	企业	137370	76107	55.4
	个体户	64435	34979	54.29
2014	企业	170497	62465	36.64
	个体户	74616	36153	48.45

（4）市场主体准入和信用监管制度改革。

在前期全面调研的基础上，着手制定了《浦东新区深化市场主体准入和信用监管制度改革的实施意见》《浦东新区市场主体先照后证登记实施办法（试行）》两个改革文件，现已进入征求意见阶段。

（5）开展住所登记制度改革调研。

结合浦东综改要求，根据浦东城市规划和社会管理要求，按照既方便市场主体准入，又有效保障经济社会秩序的原则，简化住所（经营场所）登记手续，放宽住所（经营场所）登记条件，规范住所（经营场所）管理，起草了《关于在浦东新区开展住所登记制度改革试点的实施意见》，初步形成改革的思路和具体内容，现已进入征求意见阶段。

（6）建立"一口受理、综合办理"服务模式。

按照浦东新区市场监管体制改革要求，积极推进"一口受理、综合办理"服务模式。

外资"一口受理"。浦东推出外资设立与变更联动登记试点政策,在全市率先将外资"一口受理"延伸到企业变更,实现了外资审批、企业登记、组织机构代码证办理、税务登记和食品前置审批"五证联办",并将全程办理时间由12个工作日缩短为5个工作日,申请案全程平均完成时间为4.7个工作日。

内资"一口受理"。通过窗口整合、流程再造、简化材料、统一规范将内资企业登记、食品药品类许可、组织机构代码登记实行"一口受理"试点,实现了企业设立"四证(照)联办"和变更"三证(照)联办",窗口服务平均办结时限由原先的8到23个工作日缩短至4.9个工作日。

2. 其他方面

(1) 积极深化新兴行业企业登记的调研和试点。

推进票据中介企业登记试点:深入票据中介行业调研,完成票据中介企业登记试点的调研报告,目前已起草《关于在浦东新区开展票据中介企业登记试点的暂行规定(试行)》,下一阶段将征求上级和相关部门意见。

深化商业保理企业试点:结合"工商注册制度改革",进一步完善企业准入条件、优化准入程序,进一步深化推进浦东内外资商业保理试点工作,截至目前,共登记内外资商业保理企业114户。

支持新型金融机构发展:对金融数据处理、金融软件开发、金融信息服务等金融服务外包行业,以符合国际惯例、行业标准的名称、经营范围进行登记。

服务科技创新企业发展:为节能环保、生物技术、高端装备制造、新能源、新材料、新能源汽车、智能佩戴、供应链管理等与科技密切结合的新兴行业提供高效登记服务。

(2) 建设及运营维护浦东新区公共信用信息服务平台。

浦东新区公共信用信息服务平台通过对浦东各级行政部门、司法部门、公用事业单位等产生的法人和自然人信用相关信息的采集和处理,以及对现有诚信义务系统的整合,构建一个"大整合、高共享、服务多方"的社会信用平台,立足形成浦东信用"四个中心",即信用数据中心、信用查询中心、信用服务中心、信用市场培育中心,最终营造让失信者"一处失信、处处制约"的诚信氛围。

1.1.5 其他促进小微企业发展的政策措施

1. 致力解决小微企业融资难、融资贵问题

(1) 建立担保体系,扶持担保机构发展。

一是构建完善的担保体系。新区国资出资发起设立3家担保公司,成立了1家事业单位性质的担保机构,并引进了8家其他担保公司和再担保公司,形成了多种所有制形式并存的担保机构集成格局。二是制定了浦东新区担保业务补贴政策,按担保机构为浦东中小企业提供贷款担保业务的担保额给予1%~2%的风险补贴。

(2) 设立"金融服务窗口",优化小微企业融资生态环境。

浦东新区成立了金融服务团队,抽调公务员,深入园区街镇,架起政府、金融机构和中小企业沟通的桥梁,将金融服务送到园区、街镇和企业。目前,金融服务窗口分别驻点在浦东的金桥、张江、周浦、南汇区域、服务范围由北至南覆盖浦东30余个园区街镇。

(3) 推动小微企业"信用贷"试点工作。

为了更好地支持"新、小、优、特"企业,上海市财政牵头开展小微企业信用贷试点工作。浦东新区先行先试,与各家合作银行积极沟通协调,探讨试点工作运行机制、探索企业入选标准,并向多个园区街镇积极宣传政策。召集各家银行,召开多次小微企业信用贷款初审会,对企业需求进行批量化初审,并在此基础上跟踪银行进展,推动银行加大信用贷款支持力度。截至2015年3月底,11家合作银行已为529户浦东企业设立信用贷款授信额度,授信获批总额为11.48亿元,占上海市小微信用贷总量的一半以上。

2. 支持创业方面采取的其他有效做法

(1) 实施了"创业型城区"三年计划。

为配合浦东新区深化改革和社会经济发展的需要,进一步优化市民创业环境,加大新区市民创业扶持力度,营造创业创新氛围,浦东新区开展创建"创业型城区"工作,累计建立示范性园区10个,教育培训2万人,培育微企精英300人,扶持5400人成功创业,直接带动3.6万人就业,创业环境、创业活跃度、创业生命力和就业贡献度等指标超过同期全市平均水平。

(2) 连续举办面向全球的"创业浦东"系列大赛。

积极搭建青年创新创业平台,已连续三年举办"创业浦东"青年创新创业大赛、科技创新大赛。大赛面向全球青年创业者征集优秀创业项目，搭建创业项目与各创业园区、投资机构的对接平台。大赛累计吸引1000余个青年创业项目报名参赛，其中有十余个项目落户浦东，近十个项目获得天使投资。

（3）实施"雄鹰计划"和"雏鹰计划"。

为更好地帮助"草根"创业者、服务青年创业者，浦东新区于2015年2月成立了上海市大学生科技创业基金会浦东新区分基金会，为在校、毕业及浦东新区内有志于创业的大学生自主创业设立了公益性的创业"天使基金"，首期启动资金为2000万元，资助类型包括股权资助（对应"雄鹰计划"，最高额为50万元）和债权资助（对应"雏鹰计划"，最高额为20万元）两种类型。首批已有涉及IT技术与互联网、电子科技、现代服务业、新材料、软件信息等行业25个项目获得资助立项。

3. 支持创新方面采取的其他有效做法

（1）设立各类创投引导基金。

浦东政府通过国资平台，发起设立各类天使投资、创投引导和人才发展等各类基金16个（含正筹备设立）（见表11），基金总规模为60.11亿元，累计投资22.7亿元，共投资了189个天使轮和中早期项目，引导社会资本投资近100亿元。

表11　　浦东新区国资发起设立的各类基金情况一览表

类别	名称	规模	已投金额	已投项目数
创业投资引导基金	上海浦东创业（风险）投资引导基金	13.6亿元	13.6亿元	21
	张江汉世纪	10亿元	3亿元	14
	浩凯基金	2亿元	1.98亿元	1
	张江磐石葆霖	2.1亿元	0.5亿元	4
	北京金科汉世纪创业投资有限公司	1亿元	0.1亿元	1
	上海张江朝阳创业投资有限公司	1亿元	0.22亿元	4
	上海橡子园创业投资有限公司	0.6亿元	0.3亿元	16
	上海浦东创业投资有限公司	1亿元	0.355亿元	8
	上海张江创业投资有限公司	1.65亿元	0.198亿元	40
	联升基金（一期）	6亿元	1亿元	19
	上海张江磐石葆霖股权投资合伙企业	2.1亿元	0.4亿元	4
	上海黑骥马股权投资合伙企业	3亿元	2.38亿元	10
	联升基金（二期）	6.5亿元	0.5亿元	0

续表

类别	名称	规模	已投金额	已投项目数
天使基金	浦东新产投早期投资基金	1.56亿元	1.56亿元	20
高端人才创业投资基金	浦东新区支持高端人才创业投资基金	6亿元	6亿元	23
股权代持基金	上海张江代持股基金	2亿元	0.6亿元	4
合计		60.11亿元	22.7亿元	189

(2) 设立浦东院士工作站。

浦东共有11家上海院士专家工作站，依托院士专家和高校力量，实施了"浦东新区科技企业创新领导力发展计划"，引导高端智力资源服务中小科技企业，累计共服务科技企业309家，其中小型企业90家、微型企业10家。

表12　　　　　　浦东新区院士专家工作站一览表

序号	依托单位	建站时间	员工（人）	单位性质
1	上海微创医疗器械（集团）有限公司	2009.9	1431	中外合资
2	中国商用飞机有限责任公司	2012.9		央企
3	上海华虹宏力半导体制造有限公司	2014.3	3500	外商独资
4	科博达技术有限公司	2014.3	409	民营
5	上海宽带技术及应用工程研究中心	2014.3	51	事业单位
6	上海美迪西生物医药有限公司	2014.3	336	民营
7	扬子江药业集团上海海尼药业有限公司	2014.3	521	民营
8	上海临港再制造产业发展有限公司	2014.7	51	国企
9	上海波汇通信科技有限公司	2014.9	168	民营
10	上海银晨智能识别科技有限公司	2014.9	81	民营
11	上海新产业光电技术有限公司	2014.9	45	国有控股

(3) 实施"小微企业提升自主创新能力计划"。

制定针对小微企业自主创新能力提升的专项政策，对小微企业通过购买关键技术和设备，提升自主创新研发能力的，给予微型企业15%的项目投资的补贴，给予小型企业10%的项目投资额的补贴，累计资助企业近29家，落实补贴资金2000余万元。

4. 支持小微企业发展的其他做法

（1）与中信保等功能性机构开展战略合作，促进市场开拓。

制定了《浦东新区信用保险专项扶持办法》，对"十二五"期间浦东新区企业委托中国出口信用保险公司上海分公司进行国内贸易信用保险、购买资信调查报告服务给予扶持。2014年，中国信保上海分公司共支持866家中小企业，出口险支持承保109.4亿美元，国内险支持承保44.5亿元，累计为136家企业支付赔款1.7亿元。

（2）加强人才培训辅导。

以浦东"国际人才城"创业服务功能，引进创业服务中介平台，建立与"自贸试验区人才大厦""临港人才创新创业园"等人才公共服务平台的互通互享机制；加强引进重点创业服务机构和人才服务社团，加强与职能部门、园区的协调功能；加强与大学、重点企业、重点科研平台的联络；加强与上海科技大学、纽约大学以及华东各高校资源的合作联系；同步加强与商飞等重点央企的平台对接。

1.2 示范目标

小微企业是浦东创新驱动、转型发展的生力军。在二次创业的新阶段，浦东将紧扣国家战略新使命，按照总体功能定位，以加快政府职能转变带动体制机制创新，努力营造更加适宜大众创业、万众创新的小微企业综合发展生态环境。

围绕小微企业创业创新基地示范工作，浦东将借助市区联动，充分利用改革开放前沿阵地的区位优势和制度创新优势，紧紧依托浦东的产业规划和布局，更好地发挥市场的决定性作用，积极用好国际国内人才、技术、资金等宝贵资源，重点引导、引进、孵化、培育科技型、创新型企业，促进新技术、新产品、新业态、新模式在浦东萌芽和成长，带动全市创业创新，并通过项目输出和管理输出服务、辐射全国，在全国开花结果，从而努力探索出一条有中国特色的国际化大都市小微企业成长发展之路。

1.2.1 就业目标

表 13　　2015～2017 年浦东新区就业目标表

年度	城镇新增就业人数（万人）	小微企业新增就业人数（万人）	小微企业占比（%）
2015	15.1	9	60
2016	15.9	11	69
2017	16.7	12	72
合计	47.7	32	

1.2.2 创业目标

表 14　　2015～2017 年浦东新区新登记注册市场主体数量目标预测表

年度	新登记注册市场主体数量（户）	新增小微企业数量（户）	小微企业占比（%）
2015	25000	17500	70
2016	30000	21900	73
2017	35000	26300	75
合计	90000	65700	

表 15　　2015～2017 年浦东新区小微企业收入、利润和税收目标预测表

年度	营业收入（亿元）	营业利润（亿元）	税金总额（亿元）
2015	2647	203	115
2016	2832	218	123
2017	3030	233	132
合计	8509	654	370

1.2.3 创新目标

1. 新增高新技术企业数量目标

2015～2017 年度浦东高新技术企业数量每年分别新增 100 家、110 家、120 家，总数超过 1600 家。

2. 技术合同成交额目标

表16　　2015~2017年浦东新区技术合同成交额目标预测表

年度	全区技术合同成交额（亿元）	小微企业技术合同成交额（亿元）	小微企业占比（%）
2015	150	32.6	21.73
2016	155	33.7	21.74
2017	160	34.8	21.75
合计	465	101.1	

3. 拥有授权专利数目标

表17　　2015~2017年浦东新区拥有授权专利数目标预测表

年度	全区拥有授权专利数（项）	小微企业拥有授权专利数（项）	小微企业占比（%）
2015	11000	3350	30
2016	12000	3600	30
2017	15000	3800	30
合计	37500	10750	30

1.3　示范内容

1.3.1　示范范围

本次小微企业创业创新基地城市示范，浦东将以张江高科技园区为核心，带动整个浦东地区提高创业创新发展水平，进而辐射上海市大张江各园区及其他相关区域和周边省市，最终形成"核心区—扩展区—辐射区"合作共享、联动发展的空间布局格局（见图2）。

1. 核心区

以张江高科技园区现有创业创新载体为基础，重点向张江东区和南区拓展新的基地，使之成为载体云集、形态空间和功能开放的浦东创业创新核心区，成为新技术、新产品、新业态、新模式的策源地，成为浦东、上海乃至长三角创业创新的引擎。

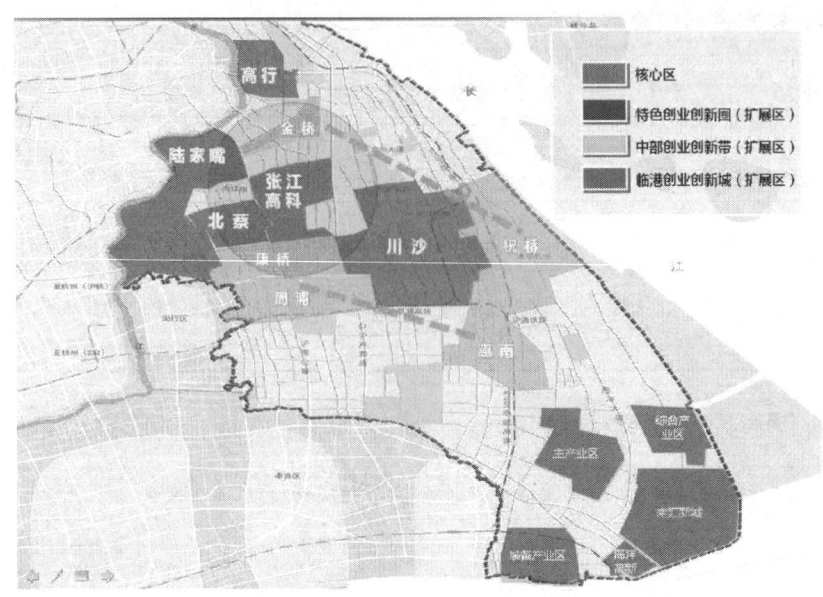

图 2　浦东新区小微企业创业创新基地城市示范布局示意图

2. 扩展区

在浦东新区范围，以张江为核心扩展，形成"一核一带一圈一城"的创业创新空间布局。

（1）中部创业创新带。

以张江高科技园区为核心，北联金桥，引领传统工业园区向科技创新生态园区升级转型，推进先进制造业和现代服务业互动发展；南联康桥、周浦、惠南、祝桥等中部城镇，带动传统工业制造基地转型升级，推动浦东中部产业带升级成为上海创新带，不断提升辐射带动能级。

（2）特色创业创新圈。

在开发区和街镇选择若干交通条件较好、周边配套相对成熟的区域，比如在陆家嘴地区、三林世博地区、北蔡镇、川沙新镇、高行镇等重点区域建设以软件和信息服务业、互联网金融等金融信息服务业、其他现代服务业为特色的创新产业集聚地，辐射带动互联网+浦东制造业发展。

（3）临港科技创业创新城。

全面开发和优化临港地区的科技创新功能，在海洋高新基地打造创新城，在装备产业区建设创业带，在南汇新城建设科技成果展示交易中心，打造国家级民用航空产业园区,加快建设临港软件园。

3. 辐射区

充分发挥大张江、自贸区等体制机制优势,在上海市内和周边省市进行辐射。上海市内,辐射大张江、各园区及其他科技产业集聚区;省外市,向北辐射江苏、安徽地区,向南辐射浙北地区,发挥这些地区空间资源优势和产业梯度转移的承接作用,从而使浦东小微企业创业创新基地城市示范建设成果服务长三角乃至全国。

1.3.2 创业创新空间方面:存量优化与增量开发并举,为小微企业创业创新提供广阔空间

目标:促进区域内各类科技园区、创业园区、文化创意园区、经济园区等载体资源整合共享、转型升级。梳理挖掘老厂房和社会闲置资源,扩充浦东新区创业载体,2015~2017年新增基地数量110个,新增老厂房、社会闲置资源改造面积200万平方米,空间使用费减免额度达到4.5亿元,为小微企业提供充足创业创新空间。

表18　　2015~2017年浦东新区预计新增创新创业基地数量

年度	新增基地数量(个)	地上总建筑面积(平方米)	空间使用费减免额度(万元)
2015	30	500000	10000
2016	35	700000	15000
2017	45	800000	20000
合计	110	2000000	45000

1. 加强已建各类园区管理,促进园区资源整合共享

促进区域内各类科技园区、创业园区、文化创意园区、经济园区等载体资源整合共享、转型升级。一是探索市场化、多元化园区共建模式,采取委托管理、交叉持股、建立分园等方式,鼓励品牌园区在区内就近、就地拓展载体,给予政策扶持,打造张江、金桥、陆家嘴、临港等几大品牌园区。二是建立园区发展评价标准体系,政策扶持的范围面向所有园区,按不同园区类别(比如孵化类、产业类等)给予不同的考核体系和扶持力度,激励园区管理者成为推动产业发展的主力军。三是搭建全区性小微企业创业创新园区管理平台,由区经信委和区科委牵头,各有关职能部门、开发区和街镇参与,

打造集各项功能于一体的全区性园区服务平台，促进园区服务的标准化、精细化、均衡化发展。

2. 开发增量创业创新载体

一是进行老厂房改造。浦东新区非工业建设用地中，由于历史原因还有大量的工业厂房需要转型升级，为创新驱动、转型发展，小微企业创业创新提供了广阔的腹地。比如，现已经改建成人才公寓（职工宿舍）4家，正在改建的6家，以解决企业员工（人才）的住宿问题；有些厂房改造成商务园区（如中天科技商务园等），采取边改造、边招商的方式，集聚了一批高档创客空间、潜力型中小创业公司、中高档加速器、知名风投机构等，打造创业活跃的生态丛林。二是充分利用社会闲置资源，新建创新创业孵化器、众创空间等。2015年，张江拟新建极喀孵科技、亮景投资管理等市级孵化器2家，济浩投资管理、云霁信息科技等众创空间10家，计划孵化企业100家；金桥拟新增创新创业基地5个，包括新兴金融产业园（二期）、新松机器人众创平台、哈工大机器人众创空间、中欧创业中心、东方万国"创业不夜城"等，预计新增总建筑面积4万平方米；陆家嘴将结合中心城区二次改造，打造互联网新兴金融创新孵化基地，预计新增建筑面积约为1.5万平方米；临港地区拟新增软件信息专业孵化器、临港创新创业带、张江创业工坊、临港海洋高新孵化器、上海海洋大学、上海海事大学、上海电机学院、建桥学院创业苗圃；北蔡拟新建"上海市中环（北蔡）众筹创新空间"，建筑面积3.3万平方米。三是建设高层次创业孵化综合体，构建"创业苗圃+孵化器+加速器"的全程孵化链条。在张江北区，重点推进以集成电路设计、智能机器人研发为主导的张江国际创新中心项目建设；在张江中区，建设以移动互联网、工业互联网等"互联网+"为主要方向的创业谷；推动"以色列中国创新中心""谷歌创客体验平台"等一批国际高端项目落户。同时，将新建20万平方米的生物医药产品产业化公共空间。

3. 支持众创空间发展的专项政策

一是支持创新型孵化器建设。对风险投资导向、产业资本导向、国际化导向以及互联网技术为依托的众创空间等创新型孵化器，经认定后给予租金补贴。二是支持孵化器转型升级。对现有孵化器新建或扩建技术服务平台、"创业实验室"、网络宽带设施、信息档案库等公共服务设施，给予一定补贴。三是鼓励孵化器提升服务能力。对孵化器提供的各类服务进行年度综合考核，并给予奖励。四是鼓励孵化器设立天使投资。对孵化器设立的天使投资基金，园区可按照一定比例予以参股投资。五是加大对孵化企业的扶持力度，给予在孵企业一定的房租补贴和研发经费补贴。六是鼓励孵化器提升孵化绩效。对孵化器培育企业毕业后去各层次资本市场实现融资，给予孵化器一定的奖励。七是支持社会机构开展创业活动。对园区社会机构举办项目路演、创业大赛、创业论坛、投融资对接等创业服务活动，给予一定补贴。

1.3.3 公共服务方面：政府搭台、集聚专业服务机构，企业主导、并强化国际交流合作

目标：充分发挥浦东在创新链前端（研究开发、示范应用）与中端（技术转移、技术扩散）环节的较强综合优势，建设创新创业服务高地，形成创新成果的发源地，打造技术转移集聚区，打造新兴产业孵化区。重点在前瞻技术开发、外部资源集聚、创新成果溢出三个方面突破，建设功能性平台项目，做大做强浦东的创新创业孵化器品牌与特色，促进形成"大众创业、万众创新"的浦东独特文化。在 2014 年开展公共服务事项的基础上，预计 2015 年新增公共服务事项 15 个，新增互联互通平台 5 个。

1. 改进小微企业公共服务方面的政策措施和财政投入

（1）完善创业服务体系功能。

一是开通众创服务平台，采用线上线下的服务模式，线上基于"互联网+"手段提升浦东新区创业服务能级，为创业企业提供孵化、导师、金融、培训、活动等方面的在线服务，线下基于"1+X+N"[①]的服务体系，为创业企业提供具体的现场服务，使创业企业能够得到更直观的服务，提高服务效率；二是推动区内外高校专家、成功企业家，知名天使投资人等共同组成导师联盟，以创业训练营、创业大讲堂、一对一辅导等方式对创业者进行创业帮扶；三是会同相关组织开办创业大赛、项目路演等系列创新创业品牌活动，活跃创新创业氛围；四是与"第一财经""东方财经浦东频道""浦东电视台"等电视媒体开展合作，深入报道浦东创新创业企业与成果，提升浦东企业中

---

① "1+X+N"："1"是指区小微企业创业服务总站；"X"是指开发区管委会、街镇小微企业创业服务分站；"N"是指社会专业机构的小微企业创业服务站。

心的影响力、增加"浦东企业中心"微信公众号的受众面,借助新媒体辐射浦东创业品牌影响力。同时,吸引更多的国内外创新机构集聚,构建更多的跨区域、跨所有制甚至跨国界的创新联盟,并设法引导全球创新资源融入区域创新网络,聚焦生物医药、软件信息、集成电路、新能源汽车、机器人、北斗导航、超精密制造等领域,挖掘一批全国乃至世界领先的关键核心技术。通过积累越来越多的创新源头,把浦东打造成为国际一流的高校、科研院所、研发机构集聚中心之一,形成创新知识和技术的策源地。

(2)建立"浦东企业发布"平台为小微企业创业创新发布新产品、新技术、新项目提供免费服务。

建立"浦东企业发布"平台。通过政府购买服务的方式,在前期企业调研的基础上,策划各类专题发布活动,整合各方资源,邀请国家、上海市和浦东新区等电视、网络、报刊等各类媒体,积极宣传浦东的小微企业,打造企业发布新产品、新技术、新项目的平台。

(3)其他措施。

在人才培训、创业辅导、法律维权、政策咨询、财务指导、检验检测认证、知识产权保护、技术服务、研发设计、会展服务和重点展会参与等方面进一步完善制定一揽子政策。通过政府购买服务的方式,对经认定的服务机构给予不同额度的服务费用补贴,鼓励社会服务机构为创业企业提供优质的服务。

2. 新增公共服务事项和互联互通平台

(1)公共服务事项方面。

充分发挥"浦东企业中心"贯彻政策、展示发布、综合培训融资促进、信息服务、创业辅导、企业交流、区域合作等八大功能作用,深化和创新开拓服务内容。

成立浦东新区中小企业促进会,全面提升为小微企业的各类中介服务的功能和水平。

充分发挥浦东新区中小企业公共服务体系的示范性作用,成立浦东新区中小企业公共服务综合平台,形成一个跨平台、跨领域、资源共享的综合平台,以国家级中小企业公共服务示范平台为基础,市、区两级中小企业公共机构为主力,发挥其他各类专业机构的能动性,通过不断拓展、完善平台功能,立足上海,服务长三角,辐射全国,面向全世界。到2017年,新增服务事项 20 项以上。

（2）互联互通平台。

在建设智慧浦东的过程中，通过信息化网络化手段的应用，在浦东软件园小微企业创业云服务平台的基础上，进一步根据小微企业的需求打造浦东新区小微企业的互动交流平台。到 2017 年新增互联互通平台 15 个以上。

1.3.4 税费、融资等支持政策方面

目标：支持更多的天使投资等投融资机构和其他服务机构集聚，运用市场化机制搭平台、聚资源、做评估、找合作，在税费减免、融资服务等方面进一步取得突破。预计到 2017 年享受税收优惠的小微企业 5.7 万家，预计减免税额 3.3 亿元。预计增加的小微企业贷款余额 7522 亿元，增设基金数额 45 亿元。

1. 落实税费优惠政策方面具体举措

（1）加大对小微企业的财政扶持力度。

在浦东新区财政现有已设立促进专项就业资金、中小企业发展专项资金、品牌和标准化体系建设专项、中小企业开拓国际市场扶持资金、信用专项保险扶持、重点展会扶持，文化创意产业扶持资金等基础上，加大对小微企业创业创新的财政支持力度。

（2）完善政策扶持体系，落实各项政策措施。

新区各职能部门将认真贯彻落实国家和上海市对小微企业的各项扶持政策，在现有鼓励扶持创业政策的基础上，进一步明确放宽注册条件、解决融资瓶颈、落实税收优惠、提升创业创新能力、加强创业创新服务等具体实施办法，使创业创新扶持政策形成体系，从而实现多项政策支持的联动效应。

表 19　　2015~2017 年浦东新区享受税收优惠政策的相关测算表

年份	享受税收优惠小微企业数（户）	减免税额（万元）
2015	49000	28000
2016	53000	30000
2017	57000	33000
合计	159000	91000

2. 融资支持方面的政策措施

(1) 开展小微企业"信用体系试验区"建设工作。

在中小企业融资过程中,金融机构往往面临缺信息、缺信用的难题,从而影响其审批贷款的决心。为积极推动地方政府与监管部门联动,解决目前金融市场信息信用不充分的问题,经努力争取到了人民银行上海总部的支持,选定浦东新区开展小微企业信用体系试验区建设,旨在形成"政府主导、人行推动、多方支持、市场参与"的试验区信用体系建设工作格局,进一步提升试验区内小微企业的融资环境和金融服务。

(2) 继续加强与金融机构合作开展金融创新。

一是采用政府牵头组织、银行和担保机构风险共担的方式,发行集合信托等项目。二是与上海股权托管交易中心(OTC)和上海银行合作研发OTC挂牌企业的股权质押贷款产品。针对轻资产企业的融资难题,通过股权质押的手段,为挂牌企业解决融资问题,大大推动企业通过资本市场实现直接融资。三是积极开展农村集体土地承包经营权流转信托试点,实现农业的集约化规模化经营,最终保障农民的利益。

(3) 继续深入推动小微企业"信用贷"试点工作。

浦东新区先行先试在开展小微企业信用贷试点工作的基础上,深入探讨试点工作运行机制、探索企业入选标准,并在此基础上跟踪银行进展,推动银行加大信用贷款支持力度,将合作银行数量在示范期内扩大至30家,为更多的企业设立信用贷款授信额度。

(4) 拓宽小微企业融资渠道。

一是完善建设信用体系,通过基础信用平台建设,加速企业融资进程,降低企业融资成本;二是在平台上创新推出科技金融产品,如"微小保""科技银行卡""信用集合贷"等,破解企业发展资金难题;三是鼓励"孵化+创投"模式,设立创投引导基金,对孵化器投资基金进行参股配套;四是对天使资本投资企业进行风险补偿,吸引各类天使创投机构投资园区企业;五是与各大互联网金融服务机构联合开发创业融资产品,撬动社会资本参与创新创业;六是联合"新三板""科创板"主办机构,面向创业群体提供场外资本市场融资服务。

(5) 发挥各类产业基金引导作用。

浦东新区已有一系列产业基金(见表20),下一步除了根据需要组建新的产业基金外,要重点发挥这些产业基金的作用。

表20　　　　　　　　　浦东新区产业基金一览表

序号	名称	规模	已投项目金额	已投项目个数
1	上海真金高技术服务业投资基金	4亿元	1.5亿元	10
2	上海浦东科技创业投资基金	2.5亿元	2.5亿元	6
3	上海临芯集成电路装备和材料产业基金（筹建过程中）	20亿元	0	0
4	金融发展产业基金	72亿元	4亿元	30
5	金融发展产业基金二期	12.01亿元	1亿元	1
6	生物医药基金	5亿元	5亿元	7
7	自贸区产业投资基金	50亿元	5亿元	5

1.3.5　体制机制创新方面：深化创新，全面激发区域创新活力

目标：进一步加强制度创新和政策突破，全面激发区域创新活力，不断调整监管和服务模式，在小微企业创业创新方面，形成"宽进严管""齐抓共管""服务到位"的格局。

1. 商事制度创新方面

（1）推进"三证合一"。

继续推进工商营业执照、组织机构代码证和税务登记证"三证合一"登记制度，吸取各地的先进经验，改变现有流程、操作平台等，科学地设计版面、内容，并编制统一号码。

（2）推进"一照一号"。

发挥信息平台的互联互通功能，通过推进"浦东新区公共信用信息服务平台"项目立项，整合新区政府各部门产生的法人和自然人信用信息以及新区现有的诚信业务系统，构建一个基于责任清单和权力清单架构的信用信息资源平台，实现新区各部门内部信用信息资源的互联互通和共享应用，推进一照一号的信息流转、市场监管、身份管理等功能。

（3）实施"企业信息公示制度"。

坚持完善内部措施与强化外部联动并重，进一步推进信息公示与信用监管，努力构建事中事后监管新机制，同时希望得到有关部门的关注和支持。一是健全以信息共享为基础的联动响应机制。二是构建以大数据为支撑的信用监管格局。三是持续加大企业信息公示制度宣传力度，引导企业尽快适应

企业信用信息公示的制度环境，牢固树立"我的企业我做主、企业信用我维护"意识，进一步为经济发展营造诚信、透明的市场环境。

(4) 实施"简易注销登记制"。

简化"市场主体退出"机制。在全国率先试点对个体工商户、未开业企业、无债权债务企业的简易注销登记改革，在风险可控的前提下，着力构建更加便捷的市场退出机制，实现企业宽进、能出的良性循环。

(5) 住所登记制度改革。

以自贸区扩区为契机，进一步深化商事制度改革，积极营造大众创业、万众创新的良好环境，开展"集中登记"试点。针对部分区域商务楼宇供不应求、企业创业成本增加的态势，结合浦东实际开展住所登记改革，在陆家嘴、金桥、张江等片区先行先试"集中登记地"政策，并辐射世博地区、临港地区、川沙新镇、北蔡镇等地。通过释放场地资源，降低创业成本，进一步满足自贸区扩区后企业集聚和功能拓展对经营场所的迫切需求，推动浦东创业型城区建设。

2. 投融资机制创新方面

(1) 降低创业投资门槛。

一方面，积极探索政府引导基金在支持创新创业活动方面的创新发展，创新政府风险投资引导基金的运作机制，通过委托国际知名的专业化管理团队实行市场化管理。另一方面，计划设立"创新创业政府投贷引导资金"（以下简称"投贷引导资金"）。投贷引导资金，旨在发挥政府资金对创新创业活动投入的引导作用，通过资金杠杆效应及部分收益让渡等机制，鼓励引导创业投资机构、银行等社会资本助力本区中小微企业发展，激发科技创新的活力和动力，逐步建立适合本区域创新创业发展的投融资机制和环境。

(2) 建立健全激励相容与风险分担机制。

进行国资改革试点，创新突破国有资本对小微企业的扶持方式，努力形成"一个基础、四条机制、六条渠道"投融资模式，降低创业投资门槛，建立政府、银行、担保之间合理风险分担机制，拓宽科技小微企业融资渠道。一个基础是指以科技企业的信用体系建设为基础，以信用促进融资，以融资促进发展。为有效拓宽科技小微企业融资渠道，探索建立技术与资本高效对接的四条机制：一是信用激励机制，二是风险补偿机制，三是以股权投资为核心的投保贷联动的机制，四是市场选择聚焦重点机制。"六条渠道"包括天使投资、创业投资、担保融资、小额贷款、并购重组、OTC。

（3）推进政府购买第三方服务。

通过政府购买服务的方式，引导中小企业促进会为小微企业创新创业提供各类服务，组织有针对性的专题活动，形成小微企业创新创业的良好氛围，在服务机制和服务举措方面不断创新，搭建一个以服务小微企业创新创业为主的服务平台。

（4）支持天使投资发展。

进一步优化天使投资发展的政策环境，设立5亿元规模的浦东新区天使投资引导基金，委托市场化天使投资机构进行管理，加大对种子期和初创期科技企业的股权投资力度。建立对社会天使投资的风险分担机制，通过为天使投资机构"买保险"的方式，对投资早期创业企业的创投机构给予规模奖励和风险补偿，对实行"天使+孵化"模式创办或者管理创新型孵化器的天使投资机构加大支持力度，吸引对创新链布局具有关键作用的天使投资资本集聚浦东。

3. 科技成果转化机制创新方面

（1）鼓励企业加大科研和教育投入。

出台专项政策，对企业、机构、新型产业组织获得国家重大科技专项、市重大科技专项，浦东新区给予一定比例资金配套支持；支持创新创业企业的发展，鼓励企业加大研发和教育投入，政府给予一定比例奖励。

（2）建立健全科技人员股权和分红激励机制。

设立以国资为主导、规模为5亿元的"代持股专项资金"，对符合股权激励条件的团队和个人，经批准后，给予股权认购、代持及股权取得阶段所产生的个人所得税代垫等资金支持。

每年安排一定资金，通过国资创投公司以股权投资方式支持高端人才的早中期创业；国资创投可根据项目情况以"成本加利息"方式退出。完善以功能为导向的国资创投运作模式，制定决策程序、评估方案、退出流程、责任豁免等相关操作细则；完善以市场为导向的国资创投运作模式，探索管理团队持股等有效激励机制，提升国资创投的活力与效率。

（3）试点知识产权处置权下放及股权分红激励、高校科技成果评估等机制，设立技术转移投资基金。

借力高校科技成果使用、处置和收益管理改革契机，出台高校人才激励、成果处置、利益分配、科研管理和评价等方面的具体配套落实政策。重点在复旦张江校区、中科院（上海高等研究院）、上海海洋大学、上海海事大学等多所大学，试点知识产权处置权下放及股权分红激励等；试点建立高校、国有企业、科研院所等科技成果的评估机制，委托给如上海高校技术交易市场等第三方科技服务机构受理，推动科技成果真正有效转化。同时，通过区属国企或区政府引导基金参股等方式，设立技术转移投资基金，参与投资优选出的项目，加快推动创新技术转移、转化并产业化。

（4）建立适应科技创新发展的知识产权管理制度。

推进知识产权行政管理制度改革，优化完善执法体系，加大知识产权保护力度，探索知识产权资本化交易，促进知识产权服务业发展，建设完善与国际规则接轨的知识产权发展环境。完善专利、商标、版权"三合一"知识产权管理体制和运行机制。构建以知识产权为核心的融资交易市场体系，推进上海知识产权交易中心落户浦东，围绕大型知识产权机构集聚发展知识产权服务业，争取世界知识产权组织（WIPO）业务中心、国际知识产权交易机构在华办事处、国家知识产权局分支机构入驻浦东。

4. 建立健全涉企收费目录清单管理机制

建立政府部门权力清单和责任清单，围绕"目录管理、业务手册、办事指南、网上运行、数据共享、监督检查"六要素，改造、优化和固化行政权力运行流程及环节，建立科学合理的管理机制、规范高效的运行机制以及严密完善的监督制约机制。建立行政权力目录管理制度，按年度编制目录，权力不进目录，不得实施。规范事项管理，实时动态调整。

通过浦东新区综合配套改革试点，在张江高科技园区"零收费"试点成绩的基础上，浦东财政局在政府预算中继续加大行政性事业收费的政府购买服务力度，在国家和上海市减免目录的基础上，大幅减少收费项目，并发挥浦东新区企业减负办（设在经信委）的协调功能，定期召开工作会议，及时协调解决执行过程中遇到的问题。

5. 建立贸易便利化机制

发挥自贸区的改革先发优势，继续实行"分送集报""分批核销"等多种便利化措施，探索实行"单一窗口"、电子化监管、资本账户创新监管等试点，为小微企业的国际贸易活动，提供便利化服务，促进资本、商品、信息等高效有序流动。继续推动DIG、汽车平行进口、保税展销中心等功性能示范项目；推进迪士尼商业项目，发展体验式的消费新模式，带动提升浦东新区商业服务水平。

6. 推动小微企业发展电子商务

充分发挥注册在浦东新区的以跨境通为代表的跨境电子商务平台、以东方钢铁为代表的大宗商品交易平台、以1号店为代表的网上购物平台、以今日天下通为代表的旅游电子商务平台、以快钱为代表的第三方交易支付平台、以火速为代表的电子商务专业服务平台等6类电子商务模式的作用，通过政策引导，促进企业发展电子商务业务，并通过鼓励政策促进在电子商务领域创业创新，培育企业自主品牌。

7. 推进提升小微商贸企业连锁化率和自创品牌建设

连锁商业在浦东商业中已经占有很大的比重，2014年全年浦东连锁商业实现零售额280多亿元，占浦东新区消费品市场零售总额的18%，进一步落实《浦东新区促进商贸业发展财政扶持办法》，鼓励中心商贸企业发展，支持其开展批发零售、连锁经营，引导企业自创品牌。

1.3.6 其他促进小微企业发展的政策措施

1. 在上海股交中心开设"科技创新板"和"凤凰板"

"科技创新板"旨在通过市场机制发现企业、认定企业、支持企业，实现投融资双方的有效对接，助推成长性好、发展空间大的四新企业和创新型企业快速发展，探索"科技创新板"与上交所"新兴产业板"的对接和转板机制。

"凤凰板"旨在发挥上海股交中心资源集聚、孵化培育等功能，打造一个全国性的区域产业合作交流平台，促进生产要素合理流动，为浦东、上海市和全国产业结构调整、梯度转移做出贡献。

2. 积极打造四新基地

按照上海市"四新"经济创新基地建设试点工作要求，浦东共有18家基地申报试点，约占全市1/3，居全市首位。有三方面特点，一是区域分布广，其中张江9家，金桥4家、临港产业区2家、南汇工业园区1家、北蔡镇1家、东方医院1家。二是行业细分领域门类多，包括机器人、网络视听、高端医疗器械、新一代信息技术、再制造等细分领域。三是突显园区二次开发和转型升级，包括生物医药材料基地（南汇工业园区）、网络信息安全基地（临港）、中环四新经济创新创业园（北蔡）等（见图3）。

图3 浦东新区"四新"经济创新基地一览

3. 打造张江孵化器集群

目前张江园区共有孵化器23家，孵化范围覆盖园区各个主导产业，其中国家和上海市级孵化器19家，孵化面积30多万平方米，在孵企业700余家，同时建设有优秀项目集中培育的创业工坊近1.8万平方米，办公单元178间。下一步通过建设加速器，设立创投引导基金，加大对早期项目的天使投资力度，形成从苗圃到孵化再到加速的全链条式孵化体系。

4. 建设国际化创新创业平台

一是建设"上海—以色列科技创新中心"，面向上海及以色列企业提供国际孵化、创新成果交流及技术转移、跨国合作交流平台等服务，推动园区孵化体系国际化程度提升，强化科技创新创业资源全球化配置。二是拟在张江中区推动建设"张江国际众创中心"，面向全球引进知名创业孵化机构设立创新创业平台，加速全球创新创业资源在张江汇聚流动，"张江国际众创中心"的建设，将成为园区推进创新创业的标志性项目，也将成为张江建设具有全球影响力科技创新中心的重大实质性举措。三是拟在美国硅谷、以色列、德国等全球创新热点区域设立"孵化器"，吸引国外优秀项目进入浦东发展的同时，帮助浦东企业打开与国际资源对接的窗口。四是联合各类跨国创投机构、科研机构及相关社会组织建立"全球创新创业信息共享网络"，动态跟踪分析全球创新创业动态，并将成果应用于创业生态体系建设。

5. 设立浦东创业大学

实行非学历教育创业培训，依托沪江网等公共教育平台，致力于整合政府现有的培训体系，通过引入国内外优质院校培训资源，结合创业者的不同阶段特点，为创业者提供定制化的创业培训服务，搭建以普及创业教育、提供创业辅导、提升创业者能力素质为目的的公益性教育平台。初期功能主要是创业培训，突出案例教学和体验式培训，线上线下相结合，一方面建设一流的实体培训空间，另一方面将通过互联网等各种虚拟技术，整合各类创业服务资源，建设一所没有围墙的创业大学。

6. 继续优化司法保护大环境

继续从浦东新区财政中单独设立律师事务所和律师的专项资金，吸引国际国内知名的各类事务所落户浦东，通过集聚大量的各类事务所和律师，形成具有一定竞争度，在政府购买服务的引导下为小微企业创业创新提供各类维权服务。2014年浦东有律师4300余名，专职的法律工作者8000多人，律师事务所经营收入32亿元，占全市的1/3。

7. 创新高端人才引进措施

创新人才居留和出入境制度，规范和放宽海外高端人才获得外国人永久居留证的条件，争取开辟高端人才签证专门通道，在自贸区增设出入境体检中心。创新外籍人才就业准入制度，开展在沪外国留学生毕业后直接留沪就业试点，放宽外籍人才就业年龄，创新海外执业资格认证机制。探索在创新人才落户、外国人才居住制度中引入市场化薪酬标准等。建立科研人员创业服务平台，搭建起浦东与上海高校、科研院所人才交流机制，并实施科技创新领军人才奖励计划。

1.4 保障措施

1.4.1 组织保障

在上海市促进中小企业发展工作领导小组的指导下，成立由市政府分管领导和浦东新区主要领导挂帅的国家"小微企业创业创新基地城市示范"创建工作领导小组，领导小组下设办公室（设在浦东经信委）。领导小组负责协调推动全区创建工作，定期召开会议研究创建工作的重点问题，协调推进创建工作中的难点。领导小组办公室负责制定工作计划，具体落实各项工作安排，定期督促各责任单位落实创建工作要求、年度考核创建工作执行情况。

浦东新区小微企业创业创新基地城市示范领导小组		
组长 上海市委常委 浦东新区区委书记沈晓明 上海市副市长周波	**第一副组长** 浦东新区区长 孙继伟	**副组长** 市财政局、市经信委、 市科委、市商务委、 市工商局等部门分管 领导，浦东新区分管领导
成员单位 区经信委、区财政局、区科委、区商务委、区国资委、区金融局、区税务局、区市场监督管理局、区发改委、区委组织部、区委宣传部、区投资办、区人保局、区民政局、区教育局、区规土局、区卫生局、区司法局、区知识产权局、区农委、区环保局等		

定期召开联席会议，研究浦东小微企业创业创新基地城市示范建设相关推进工作，为浦东小微企业创业创新基地城市示范建设提供强有力的市级支持系统。

1.4.2 资金保障

1. 区级配套资金保障

在获得国家"小微企业创业创新基地城市示范"称号后，浦东新区将集新区之力，以不低于1∶2的比例每年配比区级资金，连续配比三年，三年后经评估，浦东将在总结经验的基础上，继续加强投入X年，形成"3＋X"模式的强有力的浦东小微企业创业创新推进工作专项资金保障。

2. 用好市级财政支持

落实好市级财政在小微企业创业创新基地城市示范建设方面对浦东的支持政策，确保提升政策绩效和引导效应。

3. 要求各开发区、街镇加大对小微企业的支持力度

要求各开发区、街镇根据自身实际情况，落实基层配套资金，支持辖区内小微企业创业创新基地城市示范建设工作。

4. 制定培育和促进小微企业发展的专项政策

浦东小微企业创业创新基地城市示范建设专项资金将主要用于创业创新基本载体、配套基础设施建设、先进技术研发中试补贴、亚太知识产权交易交流平台建设；加大创业创新扶持、小微企业服务、宣传活动奖励、资助公共服务平台运营、奖励设备共享、发放消费券购买市场化建设的各类平台服务等；针对不同发展阶段的"四新"小微企业给予创业发展资金、房租补贴、会展补贴、创业带动就业补贴、人才奖励、举办创业创新大赛等；推动金融助力小微企业创业创新，设立金融风险池、成立浦东小微企业发展投资引导基金，给予贷款贴息、股权投资资金。

为此，浦东将制定出台有关专项政策（其中之一见附件2）。

1.4.3 建立信息公开等科学运作机制，确保资金规范操作

建立健全预算公开等信息公开机制。增强工作透明度，接受社会监督。

一是新区人代会或人大常委会批准预算、调整预算、决算以及预算执行情况报告和报表的，在批准后二十日内由财政部门向社会公开。

二是新区财政部门批复的部门预算、决算以及报表，在批复后二十日内由各部门向社会公开。

三是预算执行和其他财政收支的审计工作报告由各部门向社会公开。

四是将政府采购的情况向社会公开。

1.4.4 其他保障措施

1. 成立法定机构的企业服务局

以法定机构的形式，整合分散在发改委、经信委、商务委、科委、人保局等部门的中小微企业服务职能，打造统一、高效的中小微企业服务平台。

2. 建立小微企业大数据平台

整合新区统计、税务、财政、市场监督管理、科委、经信委、商务委、金融局、人保局等部门数据、搭建小微企业的联动数据采集、动态更新的信息平台，完善小微企业征信体系，有效降低小微企业融资成本。

3. 实施目标与责任相结合的考核方式

通过示范目标与责任相结合的方式，以落实各项示范工作为重点，分解

具体工作目标和任务，创业创新工作领导小组与新区25个委办局、36个街镇签订工作责任书，明确考核内容、考核要求和考核方式，努力使创业创新基地城市示范建设工作常态化、制度化、规范化，形成完善有序的工作考核体系，确保创建工作更加科学。

1.4.5 申请中央财政资金额度

申请中央奖励资金6亿元，2015～2017年每年各2亿元。

浦东新区将按照国家要求管理和使用好奖励资金。

附录2 国内出台减税新政策情况

2017年4月19日国务院常务会议确定实施六项减税政策（包括1项新的增值税政策、4项新的所得税政策，以及6项原有优惠政策的延续），作为降成本和推进供给侧结构性改革的重要举措。这些减税措施既有对原有措施加大力度、扩大范围、延长期限，又有新出台的优惠政策，还涉及针对小微企业的专门税收政策，减税的力度较大，将有助于进一步激发市场活力，促进经济转型升级。

1.《关于简并增值税税率有关政策的通知》（财税〔2017〕37号）

各省、自治区、直辖市、计划单列市财政厅（局）、国家税务局、地方税务局，新疆生产建设兵团财务局：

自2017年7月1日起，简并增值税税率结构，取消13%的增值税税率。现将有关政策通知如下：

一、纳税人销售或者进口下列货物，税率为11%：

农产品（含粮食）、自来水、暖气、石油液化气、天然气、食用植物油、冷气、热水、煤气、居民用煤炭制品、食用盐、农机、饲料、农药、农膜、化肥、沼气、二甲醚、图书、报纸、杂志、音像制品、电子出版物。

上述货物的具体范围见本通知附件1。

二、纳税人购进农产品，按下列规定抵扣进项税额：

（一）除本条第（二）项规定外，纳税人购进农产品，取得一般纳税人开具的增值税专用发票或海关进口增值税专用缴款书的，以增值税专用发票或海关进口增值税专用缴款书上注明的增值税额为进项税额；从按照简易计税方法依照3%征收率计算缴纳增值税的小规模纳税人取得增值税专用发票的，以增值税专用发票上注明的金额和11%的扣除率计算进项税额；取得（开具）农产品销售发票或收购发票的，以农产品销售发票或收购发票上注明的农产品买价和11%的扣除率计算进项税额。

（二）营业税改征增值税试点期间，纳税人购进用于生产销售或委托受托加工17%税率货物的农产品维持原扣除力度不变。

（三）继续推进农产品增值税进项税额核定扣除试点，纳税人购进农产品进项税额已实行核定扣除的，仍按照《财政部 国家税务总局关于在部分行业试行农产品增值税进项税额核定扣除办法的通知》（财税〔2012〕38号）、《财政部 国家税务总局关于扩大农产品增值税进项税额核定扣除试点行业范围的通知》（财税〔2013〕57号）执行。其中，《农产品增值税进项税额核定扣除试点实施办法》（财税〔2012〕38号印发）第四条第（二）项规定的扣除率调整为11%；第（三）项规定的扣除率调整为按本条第（一）项、第（二）项规定执行。

（四）纳税人从批发、零售环节购进适用免征增值税政策的蔬菜、部分鲜活肉蛋而取得的普通发票，不得作为计算抵扣进项税额的凭证。

（五）纳税人购进农产品既用于生产销售或委托受托加工17%税率货物又用于生产销售其他货物服务的，应当分别核算用于生产销售或委托受托加工17%税率货物和其他货物服务的农产品进项税额。未分别核算的，统一以增值税专用发票或海关进口增值税专用缴款书上注明的增值税额为进项税额，或以农产品收购发票或销售发票上注明的农产品买价和11%的扣除率计算进项税额。

（六）《中华人民共和国增值税暂行条例》第八条第二款第（三）项和本通知所称销售发票，是指农业生产者销售自产农产品适用免征增值税政策而开具的普通发票。

三、本通知附件2所列货物的出口退税率调整为11%。出口货物适用的出口退税率，以出口货物报关单上注明的出口日期界定。

外贸企业2017年8月31日前出口本通知附件2所列货物，购进时已按13%税率征收增值税的，执行13%出口退税率；购进时已按11%税率征收增值税的，执行11%出口退税率。生产企业2017年8月31日前出口本通知附件2所列货物，执行13%出口退税率。出口货物的时间，按照出口货物报关单上注明的出口日期执行。

四、本通知自2017年7月1日起执行。此前有关规定与本通知规定的增值税税率、扣除率、相关货物具体范围不一致的，以本通知为准。《财政部 国家税务总局关于免征部分鲜活肉蛋产品流通环节增值税政策的通知》（财税〔2012〕75号）第三条同时废止。

五、各地要高度重视简并增值税税率工作，切实加强组织领导，周密安排，明确责任。做好实施前的各项准备以及实施过程中的监测分析、宣传解释等工作，确保简并增值税税率平稳、有序推进。遇到问题请及时向财政部和税务总局反映。

财政部　税务总局
2017年4月28日

2.《关于扩大小型微利企业所得税优惠政策范围的通知》（财税〔2017〕43号）

各省、自治区、直辖市、计划单列市财政厅（局）、国家税务局、地方税务局，新疆生产建设兵团财务局：

为进一步支持小型微利企业发展，现就小型微利企业所得税政策通知如下：

一、自2017年1月1日至2019年12月31日，将小型微利企业的年应纳税所得额上限由30万元提高至50万元，对年应纳税所得额低于50万元（含50万元）的小型微利企业，其所得减按50%计入应纳税所得额，按20%的税率缴纳企业所得税。

前款所称小型微利企业，是指从事国家非限制和禁止行业，并符合下列条件的企业：

（一）工业企业，年度应纳税所得额不超过50万元，从业人数不超过100人，资产总额不超过3000万元；

（二）其他企业，年度应纳税所得额不超过50万元，从业人数不超过80人，资产总额不超过1000万元。

二、本通知第一条所称从业人数，包括与企业建立劳动关系的职工人数和企业接受的劳务派遣用工人数。

所称从业人数和资产总额指标，应按企业全年的季度平均值确定。具体计算公式如下：

季度平均值=(季初值+季末值)÷2

全年季度平均值=全年各季度平均值之和÷4

年度中间开业或者终止经营活动的,以其实际经营期作为一个纳税年度确定上述相关指标。

三、《财政部 国家税务总局关于小型微利企业所得税优惠政策的通知》(财税〔2015〕34号)和《财政部 国家税务总局关于进一步扩大小型微利企业所得税优惠政策范围的通知》(财税〔2015〕99号)自2017年1月1日起废止。

四、各级财政、税务部门要严格按照本通知的规定,积极做好小型微利企业所得税优惠政策的宣传辅导工作,确保优惠政策落实到位。

财政部　税务总局
2017年6月6日

3.《关于提高科技型中小企业研究开发费用税前加计扣除比例的通知》(财税〔2017〕34号)

各省、自治区、直辖市、计划单列市财政厅(局)、国家税务局、地方税务局、科技厅(局),新疆生产建设兵团财务局、科技局:

为进一步激励中小企业加大研发投入,支持科技创新,现就提高科技型中小企业研究开发费用(以下简称研发费用)税前加计扣除比例有关问题通知如下:

一、科技型中小企业开展研发活动中实际发生的研发费用,未形成无形资产计入当期损益的,在按规定据实扣除的基础上,在2017年1月1日至2019年12月31日期间,再按照实际发生额的75%在税前加计扣除;形成无形资产的,在上述期间按照无形资产成本的175%在税前摊销。

二、科技型中小企业享受研发费用税前加计扣除政策的其他政策口径按照《财政部 国家税务总局 科技部关于完善研究开发费用税前加计扣除政策的通知》(财税〔2015〕119号)规定执行。

三、科技型中小企业条件和管理办法由科技部、财政部和国家税务总局另行发布。科技、财政和税务部门应建立信息共享机制,及时共享科技型中小企业的相关信息,加强协调配合,保障优惠政策落实到位。

财政部　税务总局　科技部
2017年5月2日

4.《关于创业投资企业和天使投资个人有关税收试点政策的通知》(财税〔2017〕38号)

各省、自治区、直辖市、计划单列市财政厅(局)、国家税务局、地方税务局,新疆生产建设兵团财务局:

为进一步落实创新驱动发展战略,促进创业投资持续健康发展,现就创业投资企业和天使投资个人有关税收试点政策通知如下:

一、税收试点政策

(一)公司制创业投资"企业采取股权投"资方式直接投资于种子期、初创期科技型企业(以下简称"初创科技型企业")满2年(24个月,下同)的,可以按照投资额的70%在股权持有满2年的当年抵扣该公司制创业投资企业的应纳税所得额;当年不足抵扣的,可以在以后纳税年度结转抵扣。

(二)有限合伙制创业投资企业(以下简称"合伙创投企业")采取股权投资方式直接投资于初创科技型企业满2年的,该合伙创投企业的合伙人分别按以下方式处理:

1. 法人合伙人可以按照对初创科技型企业投资额的70%抵扣法人合伙人从合伙创投企业分得的所得;当年不足抵扣的,可以在以后纳税年度结转抵扣。

2. 个人合伙人可以按照对初创科技型企业投资额的70%抵扣个人合伙人从合伙创投企业分得的经营所得;当年不足抵扣的,可以在以后纳税年度结转抵扣。

(三)天使投资个人采取股权投资方式直接投资于初创科技型企业满2年的,可以按照投资额的70%抵扣转让该初创科技型企业股权取得的应纳税所得额;当期不足抵扣的,可以在以后取得转让该初创科技型企业股权的应纳税所得额时结转抵扣。

天使投资个人在试点地区投资多个初创科技型企业的,对其中办理注销清算的初创科技型企业,天使投资个人对其投资额的70%尚未抵扣完的,可自注销清算之日起36个月内抵扣天使投资个人转让其他初创科技型企业股权取得的应纳税所得额。

二、相关政策条件

(一)本通知所称初创科技型企业,应同时符合以下条件:

1. 在中国境内(不包括港、澳、台地区)注册成立、实行查账征收的居民企业;

2. 接受投资时,从业人数不超过 200 人,其中具有大学本科以上学历的从业人数不低于 30%;资产总额和年销售收入均不超过 3000 万元;

3. 接受投资时设立时间不超过 5 年（60 个月,下同）;

4. 接受投资时以及接受投资后 2 年内未在境内外证券交易所上市;

5. 接受投资当年及下一纳税年度,研发费用总额占成本费用支出的比例不低于 20%。

（二）享受本通知规定税收试点政策的创业投资企业,应同时符合以下条件：

1. 在中国境内（不含港、澳、台地区）注册成立、实行查账征收的居民企业或合伙创投企业,且不属于被投资初创科技型企业的发起人;

2. 符合《创业投资企业管理暂行办法》（发展改革委等 10 部门令第 39 号）规定或者《私募投资基金监督管理暂行办法》（证监会令第 105 号）关于创业投资基金的特别规定,按照上述规定完成备案且规范运作;

3. 投资后 2 年内,创业投资企业及其关联方持有被投资初创科技型企业的股权比例合计应低于 50%;

4. 创业投资企业注册地须位于本通知规定的试点地区。

（三）享受本通知规定的税收试点政策的天使投资个人,应同时符合以下条件：

1. 不属于被投资初创科技型企业的发起人、雇员或其亲属（包括配偶、父母、子女、祖父母、外祖父母、孙子女、外孙子女、兄弟姐妹,下同）,且与被投资初创科技型企业不存在劳务派遣等关系;

2. 投资后 2 年内,本人及其亲属持有被投资初创科技型企业股权比例合计应低于 50%;

3. 享受税收试点政策的天使投资个人投资的初创科技型企业,其注册地须位于本通知规定的试点地区。

（四）享受本通知规定的税收试点政策的投资,仅限于通过向被投资初创科技型企业直接支付现金方式取得的股权投资,不包括受让其他股东的存量股权。

三、管理事项及管理要求

（一）本通知所称研发费用口径,按照《财政部 国家税务总局 科技部关于完善研究开发费用税前加计扣除政策的通知》（财税〔2015〕119 号）的规定执行。

（二）本通知所称从业人数，包括与企业建立劳动关系的职工人员及企业接受的劳务派遣人员。从业人数和资产总额指标，按照企业接受投资前连续12个月的平均数计算，不足12个月的，按实际月数平均计算。

本通知所称销售收入，包括主营业务收入与其他业务收入；年销售收入指标，按照企业接受投资前连续12个月的累计数计算，不足12个月的，按实际月数累计计算。

本通知所称成本费用，包括主营业务成本、其他业务成本、销售费用、管理费用、财务费用。

（三）本通知所称投资额，按照创业投资企业或天使投资个人对初创科技型企业的实缴投资额确定。

合伙创投企业的合伙人对初创科技型企业的投资额，按照合伙创投企业对初创科技型企业的实缴投资额和合伙协议约定的合伙人占合伙创投企业的出资比例计算确定。合伙人从合伙创投企业分得的所得，按照《财政部 国家税务总局关于合伙企业合伙人所得税问题的通知》（财税〔2008〕159号）规定计算。

（四）天使投资个人、创业投资企业、合伙创投企业法人合伙人、被投资初创科技型企业应按规定向税务机关履行备案手续。

（五）初创科技型企业接受天使投资个人投资满2年，在上海证券交易所、深圳证券交易所上市的，天使投资个人转让该企业股票时，按照现行限售股有关规定执行，其尚未抵扣的投资额，在税款清算时一并计算抵扣。

（六）享受本通知规定的税收试点政策的纳税人，其主管税务机关对被投资企业是否符合初创科技型企业条件有异议的，可以转请被投资企业主管税务机关提供相关材料。对纳税人提供虚假资料，违规享受税收试点政策的，应按税收征管法相关规定处理，并将其列入失信纳税人名单，按规定实施联合惩戒措施。

四、执行时间及试点地区

本通知规定的企业所得税政策自2017年1月1日起试点执行，个人所得税政策自2017年7月1日起试点执行。执行日期前2年内发生的投资，在执行日期后投资满2年，且符合本通知规定的其他条件的，可以适用本通知规定的税收试点政策。

本通知所称试点地区包括京津冀、上海、广东、安徽、四川、武汉、西安、沈阳8个全面创新改革试验区域和苏州工业园区。

财政部　税务总局
2017年4月28日

5.《关于将商业健康保险个人所得税试点政策推广到全国范围实施的通知》（财税〔2017〕39号）

各省、自治区、直辖市、计划单列市财政厅（局）、地方税务局、保监局，新疆生产建设兵团财务局：

自2017年7月1日起，将商业健康保险个人所得税试点政策推广到全国范围实施。现将有关问题通知如下：

一、关于政策内容

对个人购买符合规定的商业健康保险产品的支出，允许在当年（月）计算应纳税所得额时予以税前扣除，扣除限额为2400元/年（200元/月）。单位统一为员工购买符合规定的商业健康保险产品的支出，应分别计入员工个人工资薪金，视同个人购买，按上述限额予以扣除。

2400元/年（200元/月）的限额扣除为个人所得税法规定减除费用标准之外的扣除。

二、关于适用对象

适用商业健康保险税收优惠政策的纳税人，是指取得工资薪金所得、连续性劳务报酬所得的个人，以及取得个体工商户生产经营所得、对企事业单位的承包承租经营所得的个体工商户业主、个人独资企业投资者、合伙企业合伙人和承包承租经营者。

三、关于商业健康保险产品的规范和条件

符合规定的商业健康保险产品，是指保险公司参照个人税收优惠型健康保险产品指引框架及示范条款（见附件）开发的、符合下列条件的健康保险产品：

（一）健康保险产品采取具有保障功能并设立有最低保证收益账户的万能险方式，包含医疗保险和个人账户积累两项责任。被保险人个人账户由其所投保的保险公司负责管理维护。

（二）被保险人为16周岁以上、未满法定退休年龄的纳税人群。保险公司不得因被保险人既往病史拒保，并保证续保。

（三）医疗保险保障责任范围包括被保险人医保所在地基本医疗保险基金支付范围内的自付费用及部分基本医疗保险基金支付范围外的费用，费用的报销范围、比例和额度由各保险公司根据具体产品特点自行确定。

（四）同一款健康保险产品，可依据被保险人的不同情况，设置不同的保险金额，具体保险金额下限由保监会规定。

（五）健康保险产品坚持"保本微利"原则，对医疗保险部分的简单赔付率低于规定比例的，保险公司要将实际赔付率与规定比例之间的差额部分返还到被保险人的个人账户。

根据目标人群已有保障项目和保障需求的不同，符合规定的健康保险产品共有三类，分别适用于：1. 对公费医疗或基本医疗保险报销后个人负担的医疗费用有报销意愿的人群；2. 对公费医疗或基本医疗保险报销后个人负担的特定大额医疗费用有报销意愿的人群；3. 未参加公费医疗或基本医疗保险，对个人负担的医疗费用有报销意愿的人群。

符合上述条件的个人税收优惠型健康保险产品，保险公司应按《保险法》规定程序上报保监会审批。

四、关于税收征管

（一）单位统一组织为员工购买或者单位和个人共同负担购买符合规定的商业健康保险产品，单位负担部分应当实名计入个人工资薪金明细清单，视同个人购买，并自购买产品次月起，在不超过200元/月的标准内按月扣除。一年内保费金额超过2400元的部分，不得税前扣除。以后年度续保时，按上述规定执行。个人自行退保时，应及时告知扣缴单位。个人相关退保信息保险公司应及时传递给税务机关。

（二）取得工资薪金所得或连续性劳务报酬所得的个人，自行购买符合规定的商业健康保险产品的，应当及时向代扣代缴单位提供保单凭证。扣缴单位自个人提交保单凭证的次月起，在不超过200元/月的标准内按月扣除。一年内保费金额超过2400元的部分，不得税前扣除。以后年度续保时，按上述规定执行。个人自行退保时，应及时告知扣缴义务人。

（三）个体工商户业主、企事业单位承包承租经营者、个人独资和合伙企业投资者自行购买符合条件的商业健康保险产品的，在不超过2400元/年的标准内据实扣除。一年内保费金额超过2400元的部分，不得税前扣除。以后年度续保时，按上述规定执行。

五、关于部门协作

商业健康保险个人所得税税前扣除政策涉及环节和部门多,各相关部门应密切配合,切实落实好商业健康保险个人所得税政策。

(一)财政、税务、保监部门要做好商业健康保险个人所得税优惠政策宣传解释,优化服务。税务、保监部门应建立信息共享机制,及时共享商业健康保险涉税信息。

(二)保险公司在销售商业健康保险产品时,要为购买健康保险的个人开具发票和保单凭证,载明产品名称及缴费金额等信息,作为个人税前扣除的凭据。保险公司要与商业健康保险信息平台保持实时对接,保证信息真实准确。

(三)扣缴单位应按照本通知及税务机关有关要求,认真落实商业健康保险个人所得税前扣除政策。

(四)保险公司或商业健康保险信息平台应向税务机关提供个人购买商业健康保险的相关信息,并配合税务机关做好相关税收征管工作。

六、关于实施时间

本通知自2017年7月1日起执行。自2016年1月1日起开展商业健康保险个人所得税政策试点的地区,自2017年7月1日起继续按本通知规定的政策执行。《财政部 国家税务总局 保监会关于开展商业健康保险个人所得税政策试点工作的通知》(财税〔2015〕56号)、《财政部 国家税务总局 保监会关于实施商业健康保险个人所得税政策试点的通知》(财税〔2015〕126号)同时废止。

财政部 税务总局 保监会
2017年4月28日

6.《关于继续实施物流企业大宗商品仓储设施用地城镇土地使用税优惠政策的通知》(财税〔2017〕33号)

各省、自治区、直辖市、计划单列市财政厅(局)、地方税务局,西藏、宁夏回族自治区国家税务局,新疆生产建设兵团财务局:

为进一步促进物流业健康发展,现就物流企业大宗商品仓储设施用地城镇土地使用税政策通知如下:

一、自2017年1月1日起至2019年12月31日止,对物流企业自有的(包括自用和出租)大宗商品仓储设施用地,减按所属土地等级适用税额标准的50%计征城镇土地使用税。

二、本通知所称物流企业，是指至少从事仓储或运输一种经营业务，为工农业生产、流通、进出口和居民生活提供仓储、配送等第三方物流服务，实行独立核算、独立承担民事责任，并在工商部门注册登记为物流、仓储或运输的专业物流企业。

三、本通知所称大宗商品仓储设施，是指同一仓储设施占地面积在6000平方米及以上，且主要储存粮食、棉花、油料、糖料、蔬菜、水果、肉类、水产品、化肥、农药、种子、饲料等农产品和农业生产资料，煤炭、焦炭、矿砂、非金属矿产品、原油、成品油、化工原料、木材、橡胶、纸浆及纸制品、钢材、水泥、有色金属、建材、塑料、纺织原料等矿产品和工业原材料的仓储设施。

仓储设施用地，包括仓库库区内的各类仓房（含配送中心）、油罐（池）、货场、晒场（堆场）、罩棚等储存设施和铁路专用线、码头、道路、装卸搬运区域等物流作业配套设施的用地。

四、物流企业的办公、生活区用地及其他非直接从事大宗商品仓储的用地，不属于本通知规定的优惠范围，应按规定征收城镇土地使用税。

五、非物流企业的内部仓库，不属于本通知规定的优惠范围，应按规定征收城镇土地使用税。

六、本通知印发之日前已征的应予减免的税款，在纳税人以后应缴税款中抵减或者予以退还。

七、符合上述减税条件的物流企业需持相关材料向主管税务机关办理备案手续。

请遵照执行。

财政部　税务总局
2017年4月26日

7.《关于继续执行有线电视收视费增值税政策的通知》（财税〔2017〕35号）

各省、自治区、直辖市、计划单列市财政厅（局）、国家税务局，新疆生产建设兵团财务局：

为继续支持广播电视运营事业发展，现就有线电视收视费增值税政策通知如下：

2017年1月1日至2019年12月31日，对广播电视运营服务企业收取的有线数字电视基本收视维护费和农村有线电视基本收视费，免征增值税。

本通知印发之日前，已征的按照本通知规定应予免征的增值税，可抵减纳税人以后月份应缴纳的增值税或予以退还。

财政部 税务总局
2017年4月28日

8.《关于继续执行新疆国际大巴扎项目增值税政策的通知》（财税〔2017〕36号）

新疆维吾尔自治区财政厅、国家税务局，新疆生产建设兵团财务局：

为继续支持新疆旅游业发展，现就新疆国际大巴扎项目增值税政策通知如下：

自2017年1月1日至2019年12月31日，对新疆国际大巴扎物业服务有限公司和新疆国际大巴扎文化旅游产业有限公司从事与新疆国际大巴扎项目有关的营改增应税行为取得的收入，免征增值税。

本通知印发之日前，已征的按照本通知规定应予免征的增值税，可抵减纳税人以后月份应缴纳的增值税或予以退还。

财政部 税务总局
2017年4月28日

9.《关于小额贷款公司有关税收政策的通知》（财税〔2017〕48号）

各省、自治区、直辖市、计划单列市财政厅（局）、国家税务局、地方税务局，新疆生产建设兵团财务局：

为引导小额贷款公司在"三农"、小微企业等方面发挥积极作用，更好地服务实体经济发展，现将小额贷款公司有关税收政策通知如下：

一、自2017年1月1日至2019年12月31日，对经省级金融管理部门（金融办、局等）批准成立的小额贷款公司取得的农户小额贷款利息收入，免征增值税。

二、自2017年1月1日至2019年12月31日，对经省级金融管理部门（金融办、局等）批准成立的小额贷款公司取得的农户小额贷款利息收入，在计算应纳税所得额时，按90%计入收入总额。

三、自2017年1月1日至2019年12月31日，对经省级金融管理部门（金融办、局等）批准成立的小额贷款公司按年末贷款余额的1%计提的贷款损失准备金准予在企业所得税税前扣除。具体政策口径按照《财政部国家税务总局关于金融企业贷款损失准备金企业所得税税前扣除有关政策的通知》（财税〔2015〕9 号）执行。

四、本通知所称农户，是指长期（一年以上）居住在乡镇（不包括城关镇）行政管理区域内的住户，还包括长期居住在城关镇所辖行政村范围内的住户和户口不在本地而在本地居住一年以上的住户，国有农场的职工和农村个体工商户。位于乡镇（不包括城关镇）行政管理区域内和在城关镇所辖行政村范围内的国有经济的机关、团体、学校、企事业单位的集体户；有本地户口，但举家外出谋生一年以上的住户，无论是否保留承包耕地均不属于农户。农户以户为统计单位，既可以从事农业生产经营，也可以从事非农业生产经营。农户贷款的判定应以贷款发放时的承贷主体是否属于农户为准。

本通知所称小额贷款，是指单笔且该农户贷款余额总额在 10 万元（含本数）以下的贷款。

五、2017 年 1 月 1 日至本通知印发之日前已征的应予免征的增值税，可抵减纳税人以后月份应缴纳的增值税或予以退还。

财政部　税务总局
2017 年 6 月 9 日

10.《关于继续实施扶持自主就业退役士兵创业就业有关税收政策的通知》（财税〔2017〕46 号）

各省、自治区、直辖市、计划单列市财政厅（局）、国家税务局、地方税务局、民政厅（局），新疆生产建设兵团财务局、民政局：

为扶持自主就业退役士兵创业就业，现将有关税收政策通知如下：

一、对自主就业退役士兵从事个体经营的，在 3 年内按每户每年 8000 元为限额依次扣减其当年实际应缴纳的增值税、城市维护建设税、教育费附加、地方教育附加和个人所得税。限额标准最高可上浮 20%，各省、自治区、直辖市人民政府可根据本地区实际情况在此幅度内确定具体限额标准，并报财政部和税务总局备案。

纳税人年度应缴纳税款小于上述扣减限额的，以其实际缴纳的税款为限；大于上述扣减限额的，以上述扣减限额为限。纳税人的实际经营期不足一年的，应当以实际月份换算其减免税限额。换算公式为：减免税限额 = 年度减免税限额 ÷ 12 × 实际经营月数。

纳税人在享受税收优惠政策的当月，持《中国人民解放军义务兵退出现役证》或《中国人民解放军士官退出现役证》以及税务机关要求的相关材料向主管税务机关备案。

二、对商贸企业、服务型企业、劳动就业服务企业中的加工型企业和街道社区具有加工性质的小型企业实体，在新增加的岗位中，当年新招用自主就业退役士兵，与其签订1年以上期限劳动合同并依法缴纳社会保险费的，在3年内按实际招用人数予以定额依次扣减增值税、城市维护建设税、教育费附加、地方教育附加和企业所得税优惠。定额标准为每人每年4000元，最高可上浮50%，各省、自治区、直辖市人民政府可根据本地区实际情况在此幅度内确定具体定额标准，并报财政部和税务总局备案。

本条所称服务型企业是指从事《销售服务、无形资产、不动产注释》（《财政部 国家税务总局关于全面推开营业税改征增值税试点的通知》——财税〔2016〕36号附件）中"不动产租赁服务""商务辅助服务"（不含货物运输代理和代理报关服务）、"生活服务"（不含文化体育服务）范围内业务活动的企业以及按照《民办非企业单位登记管理暂行条例》（国务院令第251号）登记成立的民办非企业单位。

纳税人按企业招用人数和签订的劳动合同时间核定企业减免税总额，在核定减免税总额内每月依次扣减增值税、城市维护建设税、教育费附加和地方教育附加。纳税人实际应缴纳的增值税、城市维护建设税、教育费附加和地方教育附加小于核定减免税总额的，以实际应缴纳的增值税、城市维护建设税、教育费附加和地方教育附加为限；实际应缴纳的增值税、城市维护建设税、教育费附加和地方教育附加大于核定减免税总额的，以核定减免税总额为限。

纳税年度终了，如果企业实际减免的增值税、城市维护建设税、教育费附加和地方教育附加小于核定的减免税总额，企业在企业所得税汇算清缴时扣减企业所得税。当年扣减不完的，不再结转以后年度扣减。

计算公式为：企业减免税总额 = $\sum$ 每名自主就业退役士兵本年度在本企业工作月份÷12×定额标准。

企业自招用自主就业退役士兵的次月起享受税收优惠政策，并于享受税收优惠政策的当月，持下列材料向主管税务机关备案：1. 新招用自主就业退役士兵的《中国人民解放军义务兵退出现役证》或《中国人民解放军士官退出现役证》；2. 企业与新招用自主就业退役士兵签订的劳动合同（副本），企业为职工缴纳的社会保险费记录；3. 自主就业退役士兵本年度在企业工作时间表（见附件）；4. 主管税务机关要求的其他相关材料。

三、本通知所称自主就业退役士兵是指依照《退役士兵安置条例》（国务院、中央军委令第 608 号）的规定退出现役并按自主就业方式安置的退役士兵。

四、本通知的执行期限为 2017 年 1 月 1 日至 2019 年 12 月 31 日。本通知规定的税收优惠政策按照备案减免税管理，纳税人应向主管税务机关备案。税收优惠政策在 2019 年 12 月 31 日未享受满 3 年的，可继续享受至 3 年期满为止。

对《财政部 国家税务总局关于全面推开营业税改征增值税试点的通知》（财税〔2016〕36 号）附件 3 第三条第（一）项政策，纳税人在 2016 年 12 月 31 日未享受满 3 年的，可按现行政策继续享受至 3 年期满为止。

五、如果企业招用的自主就业退役士兵既适用本通知规定的税收优惠政策，又适用其他扶持就业的专项税收优惠政策，企业可选择适用最优惠的政策，但不能重复享受。

各地财政、税务、民政部门要加强领导、周密部署，把扶持自主就业退役士兵创业就业工作作为一项重要任务，主动做好政策宣传和解释工作，加强部门间的协调配合，确保政策落实到位。同时，要密切关注税收政策的执行情况，对发现的问题及时逐级向财政部、税务总局、民政部反映。

财政部　税务总局　民政部
2017 年 6 月 12 日

11.《关于继续实施支持和促进重点群体创业就业有关税收政策的通知》（财税〔2017〕49 号）

各省、自治区、直辖市、计划单列市财政厅（局）、国家税务局、地方税务局、人力资源社会保障厅（局），新疆生产建设兵团财务局、人力资源社会保障局：

为支持和促进重点群体创业就业，现将有关税收政策通知如下：

一、对持《就业创业证》（注明"自主创业税收政策"或"毕业年度内自主创业税收政策"）或《就业失业登记证》（注明"自主创业税收政策"或附着《高校毕业生自主创业证》）的人员从事个体经营的，在 3 年内按每户每年 8000 元为限额依次扣减其当年实际应缴纳的增值税、城市维护建设税、教育费附加、地方教育附加和个人所得税。限额标准最高可上浮 20%，各省、自治区、直辖市人民政府可根据本地区实际情况在此幅度内确定具体限额标准，并报财政部和税务总局备案。

纳税人年度应缴纳税款小于上述扣减限额的，以其实际缴纳的税款为限；大于上述扣减限额的，以上述扣减限额为限。

上述人员是指：1. 在人力资源社会保障部门公共就业服务机构登记失业半年以上的人员；2. 零就业家庭、享受城市居民最低生活保障家庭劳动年龄内的登记失业人员；3. 毕业年度内高校毕业生。高校毕业生是指实施高等学历教育的普通高等学校、成人高等学校应届毕业的学生；毕业年度是指毕业所在自然年，即1月1日至12月31日。

二、对商贸企业、服务型企业、劳动就业服务企业中的加工型企业和街道社区具有加工性质的小型企业实体，在新增加的岗位中，当年新招用在人力资源社会保障部门公共就业服务机构登记失业半年以上且持《就业创业证》或《就业失业登记证》（注明"企业吸纳税收政策"）人员，与其签订1年以上期限劳动合同并依法缴纳社会保险费的，在3年内按实际招用人数予以定额依次扣减增值税、城市维护建设税、教育费附加、地方教育附加和企业所得税优惠。定额标准为每人每年4000元，最高可上浮30%，各省、自治区、直辖市人民政府可根据本地区实际情况在此幅度内确定具体定额标准，并报财政部和税务总局备案。

按上述标准计算的税收扣减额应在企业当年实际应缴纳的增值税、城市维护建设税、教育费附加、地方教育附加和企业所得税税额中扣减，当年扣减不完的，不得结转下年使用。

本条所称服务型企业，是指从事《销售服务、无形资产、不动产注释》（《财政部 国家税务总局关于全面推开营业税改征增值税试点的通知》——财税〔2016〕36号附件）中"不动产租赁服务""商务辅助服务"（不含货物运输代理和代理报关服务）、"生活服务"（不含文化体育服务）范围内业务活动的企业以及按照《民办非企业单位登记管理暂行条例》（国务院令第251号）登记成立的民办非企业单位。

三、享受上述优惠政策的人员按以下规定申领《就业创业证》：

（一）按照《就业服务与就业管理规定》（人力资源社会保障部令第24号）第六十三条的规定，在法定劳动年龄内，有劳动能力，有就业要求，处于无业状态的城镇常住人员，在公共就业服务机构进行失业登记，申领《就业创业证》。对其中的零就业家庭、城市低保家庭的登记失业人员，公共就业服务机构应在其《就业创业证》上予以注明。

（二）毕业年度内高校毕业生在校期间凭学生证向公共就业服务机构按规定申领《就业创业证》，或委托所在高校就业指导中心向公共就业服务机构按规定代为其申领《就业创业证》；毕业年度内高校毕业生离校后直接向公共就业服务机构按规定申领《就业创业证》。

（三）上述人员申领相关凭证后，由就业和创业地人力资源社会保障部门对人员范围、就业失业状态、已享受政策情况进行核实，在《就业创业证》上注明"自主创业税收政策""毕业年度内自主创业税收政策"或"企业吸纳税收政策"字样，同时符合自主创业和企业吸纳税收政策条件的，可同时加注；主管税务机关在《就业创业证》上加盖戳记，注明减免税所属时间。

四、本通知的执行期限为2017年1月1日至2019年12月31日。本通知规定的税收优惠政策按照备案减免税管理，纳税人应向主管税务机关备案。税收优惠政策在2019年12月31日未享受满3年的，可继续享受至3年期满为止。

对《财政部 国家税务总局关于全面推开营业税改征增值税试点的通知》（财税〔2016〕36号）文件附件3第三条第（二）项政策，纳税人在2016年12月31日未享受满3年的，可按现行政策继续享受至3年期满为止。

五、本通知所述人员不得重复享受税收优惠政策，以前年度已享受扶持就业的专项税收优惠政策的人员不得再享受本通知规定的税收优惠政策。如果企业的就业人员既适用本通知规定的税收优惠政策，又适用其他扶持就业的专项税收优惠政策，企业可选择适用最优惠的政策，但不能重复享受。

六、上述税收政策的具体实施办法由税务总局会同财政部、人力资源社会保障部、教育部、民政部另行制定。

各地财政、税务、人力资源社会保障部门要加强领导、周密部署，把大力支持和促进重点群体创业就业工作作为一项重要任务，主动做好政策宣传和解释工作，加强部门间的协调配合，确保政策落实到位。同时，要密切关注税收政策的执行情况，对发现的问题及时逐级向财政部、税务总局、人力资源社会保障部反映。

财政部　税务总局　人力资源社会保障部
2017年6月12日

附录3　学术成果展示

（一）发表的论文

1. 《国有企业海外并购中的经济安全问题研究》，载《经济体制改革》，CSSCI。

2. 《市场化导向下竞争性商业类国有企业发展研究》，载《经济体制改革》，CSSCI。

3. 《中国国有经济结构性调整研究》，载《经济体制改革》，CSSCI。

4. 《国有企业提升自主创新能力研究》，载《财经问题研究》，CSSCI。

5. 《企业产权整合效率研究——基于管理层收购MBO的视角》，载《魅力中国》，国家级。

6. 《解决小微企业融资难的对策建议》，载《经济研究参考》，北大核心。

7. 《小微企业制度环境研究》，载《经济研究参考》，北大核心。

8. 《欧洲PPP医疗项目治理现存问题及经验启示》，载《地方财政研究》，CSSCI。

9. 《新时代中国大型国有集团公司治理体系的创新发展》，载《公共管理评论》，CSSCI。

10. 《市场化导向下竞争性商业类国有企业发展研究》，载《福建师范大学学报（哲学社会科学版）》，CSSCI。

11. 《对于解决矛盾的路径探索－以壮大国有经济视角的实证分析》，载《现代商业》，北大核心。

12. 《吉林省农村公共产品与服务供给模式研究》，得到吉林省政协副主席肯定，转有关部门研究。

（二）出版的著作

1. 《中央企业自主创新报告2013》
2. 《支持小微企业发展的制度环境研究——基于宁波市的分析》

（三）参与的课题研究

1. 国有经济战略性调整与中国特色社会主义道路
2. 中国国有经济改革与发展研究
3. 美国支持军民融合的财政政策及对我国的启示
4. 广东佛山南海区 PPP 项目研究
5. 山东寿光市 PPP 项目研究（2项）
6. 山东聊城市 PPP 项目研究
7. 山西长治 PPP 项目研究
8. 吉林白山市 PPP 项目研究
9. 财政补贴邮政普遍服务与特殊服务资金的绩效研究
10. 邮政领域事权与支出责任划分
11. 民航领域事权与支出责任划分
12. 宁波市小微企业双创示范城市研究
13. 衡水市小微企业双创释放城市研究
14. 以 PPP 模式推动军民融合深度发展
15. 北京通州区文化旅游管理委员会内控制度研究

参 考 文 献

[1] 安沃·沙赫主编，匡小平等译. 促进投资与创新的财政激励 [M]. 经济科学出版社，2000.

[2] 布坎南. 公共财政学 [M]. 中国财政经济出版社，1991.

[3] 白钦先，薛誉华. 各国中小企业政策性金融体系比较 [M]. 中国金融出版社，2001.

[4] 陈共. 财政学（第五版）[M]. 中国人民大学出版社，2011.

[5] 陈乃醒. 中国中小企业发展报告 [M]. 中国经济出版社，2009.

[6] 陈文晖. 中小企业信用担保体系国际比较 [M]. 经济科学出版社，2002.

[7] 邓文勇. 公共财政理论与实践 [M]. 中国发展出版社，2007.

[8]《公共财政与中小企业》编委会. 公共财政与中小企业 [M]. 经济科学出版社，2005.

[9] 胡怡建，朱为群. 税收学教程 [M]. 上海三联出版社，1994.

[10] 国家经济贸易委员会等. 中小企业标准暂行规定，国经贸中小企〔2003〕143 号，2003.

[11] 国家发展和改革委员会中小企业司. 国外中小企业法律政策汇编 [M]. 机械工业出版社，2008.

[12] 孔德兰. 中小企业融资结构与融资策略研究 [M]. 中国财政经济出版社，2009.

[13] 林汉川. 中国中小企业发展机制研究 [M]. 商务印书馆，2003.

[14] 林汉川，汪前元. 中国中小企业改制模式研究 [M]. 中国财经出版社，2001.

[15] 林汉川，郭中奇. 中小企业发展的国别比较 [M]. 中国财政经济

出版社，2001.

[16] 刘宁正．当代西方财政学［M］．北京大学出版社，2000.

[17] 刘曼红．中国中小企业融资问题研究［M］．中国人民大学出版社，2003.

[18] 吕国胜．中小企业研究［M］．上海财经大学出版社，2000.

[19] 刘溶沧，赵志耘．中国财政理论前沿Ⅲ［M］．社会科学文献出版社，2003.

[20] 刘溶沧，赵志耘，夏杰长．促进经济增长方式转变的财政政策研究［M］．中国财政经济出版社，2000.

[21] 刘小川．中国政府采购政策研究［M］．人民出版社，2009.

[22] 李扬，杨思群．中小企业融资与银行［M］．上海财经大学出版社，2001.

[23] 李玉潭．日美欧中小企业理论与政策［M］．吉林大学出版社，1992.

[24] 李庚寅，周显志等．中国发展中小企业支持系统研究［M］．经济科学出版社，2003.

[25] 李子彬．中国中小企业 2009 蓝皮书［M］．中国发展出版社，2009.

[26] 李子彬．中国中小企业 2010 蓝皮书［M］．中国发展出版社，2010.

[27] 马克思．资本论，（一、二、三卷）［M］．人民出版社，1975.

[28] 欧江波．促进我国中小企业发展政策研究［M］．中山大学出版社，2002.

[29] 欧阳晓．中国支持中小企业发展的政策与服务体系研究［M］．中国社会科学出版社，2009.

[30] 全国人大常务委员会．中小企业促进法，国家主席令 69 号，2002，6.

[31] 尚长风．公共财政政策理论与实践［M］．南京大学出版社，2005.

[32] 谈毅，杨杰．"十二五"期间上海中小企业发展政策支持体系研究［M］．上海财经大学出版社，2010.

[33] 尹伯成．西方经济学说史—从市场经济视角的考察［M］．复旦大学出版社，2005.

[34] 亚当·斯密. 国民财富的性质和原因的研究 [M]. 商务印书馆, 1972.

[35] 杨宜. 中小企业成长与发展前沿问题研究 [M]. 中国经济出版社, 2009.

[36] 曾伟. 中小企业生存状况调查报告 [M]. 中国经济出版社, 2009.

[37] 易国庆. 中小企业政府管理与政策支持体系研究 [M]. 企业管理出, 2001.

[38] 唐朱昌. 新编公共财政学 [M]. 复旦大学出版社, 2005.

[39] 吴易风, 刘凤良, 吴汉洪. 西方经济学 [M]. 中国人民大学出版社, 1999.

[40] 吴易凤. 当代西方经济学流派与思潮 [M]. 首都经济贸易大学出版社, 2005.

[41] 徐鹏航. 技术创新与企业竞争力 [M]. 中国经济出版社, 1999.

[42] 易国庆. 中小企业政府管理与支持体系研究 [M]. 企业管理出版社, 2001.

[43] 姚愉芳, 贺菊煌等. 中国经济增长与可持续发展 [M]. 社会科学文献出版社, 1998.

[44] 袁红林. 完善中小企业政策支持体系研究 [M]. 东北财经大学出版社, 2010.

[45] 张捷. 结构转换期的中小企业金融研究 [M]. 中国经济科学出版社, 2003.

[46] 周春平. 我国私营企业产权的制度特征及其形成路径 [M]. 产业经济研究, 2002.

[47] 周晖. 中国中小企业发展战略研究 [M]. 中国财政经济出版社, 2001.

[48] 周国红, 陆立军. 科技型中小企业成长环境评价指标体系的构建 [J]. 数量经济技术经济研究, 2002 (2): 10–13.

[49] 中国中小企业协会. 中国中小企业蓝皮书—现状与政策 [M]. 中国发展出版社, 2008.

[50] 中国中小企业年鉴编委会. 中国中小企业统计年鉴 2008 [M]. 经济科学出版社, 2009.

[51] 中国中小企业年鉴编委会. 中国中小企业统计年鉴2009 [M]. 经济科学出版社, 2010.

[52] 曾国祥. 可持续发展与税收 [M]. 经济科学出版社, 2000.

[53] 曾坤生. 欧洲中小企业政策 [M]. 高等教育出版社, 2010.

[54] 张少春, 丁学东等. 财税改革纵论—财税改革论文及调研报告文集 [M]. 经济科学出版社, 2007.

[55] 庄俊鸿. 政策性银行概论 [M]. 中国金融出版社, 2001.

[56] 张秀生. 国外中小企业的政策 [M]. 经济评论, 2000.

[57] 白钦先, 谭庆华. 政策性金融功能再界定: 功能演进视角 [J]. 生产力研究, 2006 (11): 20-24.

[58] 陈江. 美国联邦政府采购对中小企业的扶持政策与措施 [J]. 企业发展, 2008 (9): 16-18.

[59] 陈雁洁. 江苏省中小企业融资困境的破解 [J]. 江苏省社会主义学院学报, 2009 (6): 33-35.

[60] 陈小洪. 加快建设中小企业公共服务平台 [J]. 经济日报, 2008 (11): 9-12.

[61] 陈小洪. 扶持中小企业应注重针对性 [J]. 中国经济报告, 2009 (9): 33-38.

[62] 程雯, 赖启华. 我国中小企业融资难的原因及对策研究 [J]. 价格月刊, 2008 (3): 23-28.

[63] 常超等. 政府采购促进企业自主创新的经验借鉴 [J]. 经济纵横, 2008 (8): 26-31.

[64] 蔡自立. 可持续发展与财税政策研究 [D]. 中国海洋大学, 2005.

[65] 蔡玮. 关于构建我国中小企业政策性金融机构的研究 [D]. 西南财经大学, 2006.

[66] 崔彩周. 政府管理角色的创新与中小企业发展问题研究 [D]. 福建师范大学, 2006.

[67] 杜人淮. 论政府与市场关系及其作用的边界 [J]. 现代经济探讨, 2006 (4): 16-22.

[68] 丁会凯. 我国中小企业的界定及其发展过程中的规模问题研究 [J]. 现代管理科学, 2005 (10): 19-24.

[69] 冯德连. 中小企业与大企业共生模式分析 [J]. 财经研究, 2000 (6): 15-19.

[70] 顾任民. 马克思经济学与西方新制度经济学的企业理论比较 [J]. 经济纵横, 2009 (6): 22-29.

[71] 龚秀敏. 建国以来我国中小企业政策回顾与总结 [J]. 特区经济, 2009 (10): 30-33.

[72] 工业和信息化部等. 关于促进中小企业公共服务平台建设的指导意见 [R]. 工业和信息化部网站, 2010 (40).

[73] 黄盈盈等. 浅析当前促进中小企业发展的税收政策 [J]. 会计之友, 2010 (13): 19-23.

[74] 黄顺军. 我国新一轮政府机构改革对中小企业发展的影响 [J]. 中国政府采购杂志, 2009 (12): 40-44.

[75] 黄顺军. 中小企业参与政府采购之制度探讨 [J]. 中国政府采购杂志, 2008 (4): 19-21.

[76] 黄科. 中外中小企业的界定标准的比较 [J]. 江苏工业学院学报, 2003 (12): 44-49.

[77] 韩京. 激励企业创新税收优惠政策的问题与对策 [J]. 武汉理工大学学报, 2007 (7): 12-18.

[78] 韩瑜. 我国中小企业污染治理的经济学分析与财税政策 [J]. 人文社会科学版, 2007 (11): 25-30.

[79] 何瑛, 何爱英. 中小企业的特点对污染治理的影响与解决途径分析 [J]. 经济师, 2007 (1): 29-33.

[80] 景玉琴. 构建中小企业政策性金融支持体系 [J]. 上海金融学院学报, 2004 (5): 11-17.

[81] 贾康. 财政支持中小企业信用担保政策研究 [R]. 财政部财政科学研究所, 2010.

[82] 刘慧. 政府采购政策功能对中小企业的扶持问题 [J]. 中国政府采购杂志, 2009 (12): 9-14.

[83] 刘志荣, 姜长云. 国外中小企业支持政策的演变趋势 [J]. 经济研究参考, 2006 (4): 22-24.

[84] 刘安. 英美对中小企业金融支持政策比较研究 [J]. 商业研究,

2002（2）：29－33.

［85］林琳．促进中小企业自主创新的税收政策研究［D］．吉林大学，2010.

［86］李灿．促进中小企业发展税收政策浅析［J］．魅力中国，2009（28）：50－53.

［87］李庆扬等．企业自主创新的财税政策研究［J］．改革与战略，2008（12）：11－15.

［88］李成，信颖．浅析加速折旧政策在我国的应用和改革建议［J］．开发研究，2004（1）：33－35.

［89］李力锋．政策性金融支持中小企业融资对策研究［D］．太原理工大学，2007.

［90］李宜昭．完善我国中小企业融资体系的路径研究［D］．中国社会科学院研究生院，2010.

［91］吕一博．中小企业成长的影响因素研究［D］．大连理工大学，2008.

［92］任强．促进我国中小企业发展的税收政策建议［J］．税务研究，2009（8）：31－34.

［93］彭高旺．促进环境保护的财税政策研究［D］．暨南大学，2008.

［94］邱锡丹．我国中小企业信用担保问题研究及其策略［J］．经济师，2009（2）：14－17.

［95］钱平．跳出中小企业融资的恶性循环［J］．中国金融，2009（6）：41－48.

［96］孙明华．国外中小企业理论概要［J］．湖北行政学院学报，2007（3）：51－54.

［97］苏杨．对我国中小企业污染治理及融资情况的调研与政策建议［J］．中国发展，2004（4）：27－32.

［98］苏杨．中小企业发展及环境污染的分析［J］．中国统计，2006（2）：17－21.

［99］孙顺根等．中小企业政策发展与中小企业成长的相关性研究［J］．科技进步与对策，2010（4）：19－22.

［100］宋艳霞．我国风电产业发展的财税支持政策研究［D］．财政部财

政科学研究所,2010.

[101] 谭春珍. 基于环境保护的中小企业可持续发展模式与发展战略研究 [D]. 北京交通大学,2010.

[102] 王丽珠. 我国中小企业信用担保体系的国际借鉴——以日本为例 [J]. 国际金融研究,2009 (7): 15-19.

[103] 王海之. 我国中小企业直接融资问题研究 [J]. 上海经济研究,2001 (9): 30-32.

[104] 王思睿. 中小企业扶持政策概览 [R]. 国研网,2009.

[105] 王山. 国家财政政策与民营企业发展研究 [D]. 中共中央党校,2010.

[106] 汪前元. 中国乡镇企业崛起的多维分析 [J]. 湖北大学学报,2000 (5): 42-48.

[107] 汪前元. 中小企业的理论界定 [J]. 市场经济研究,2000 (6): 19-23.

[108] 吴义国. 建设中国中小企业政策性金融支持体系 [J]. 管理世界,2004 (12) 50-55.

[109] 肖微,方垄. 基于博弈论思维框架的政府与企业关系重塑 [J]. 湖北行政学院学报,2009 (2): 29-33.

[110] 徐继孝. 固定资产加速折旧必要性分析 [J]. 财务与会计,2005 (4): 12-17.

[111] 尹丹莉. 我国中小企业融资问题研究 [D]. 天津财经大学,2009.

[112] 阳漩. 中小企业支持体系创新之中小企业政策性银行设立问题研究 [D]. 广西大学,2010.

[113] 杨爱民. 小企业的界定及其划分标准研究 [J]. 楚雄师范学院学报,2009 (6): 39-42.

[114] 杨智慧. 公共财政支持中小企业创业投资的政策思考 [J]. 法制与社会,2009 (4): 13-17.

[115] 杨小强,刘思佳. 美国联邦政府帮助小企业赢得联邦采购分包合同 [J]. 中国政府采购杂志,2009 (12): 8-11.

[116] 应展宇. 中国中小企业融资现状与政策分析 [J]. 财贸经济,

2004（10）：17-19.

[117] 褚作人. 发挥政府采购政策功能支持中小企业健康发展 [J]. 中国政府采购杂志，2009（7）：19-21.

[118] 周晖. 中国中小企业发展战略研究 [M]. 中国财经出版社，2001.

[119] 中国社会科学院中小企业研究中心. 中小企业扶持政策效应初探 [J]. 中国中小企业，2010（11）：21-25.

[120] 张红. 中央财政支持中小企业发展回顾 [J]. 中国科技投资，2009（7）：19-22.

[121] 张源. 论促进我国中小企业自主创新的税收支持 [J]. 财会月刊，2010（11）：17-20.

[122] 张雪峰. 修改中小企业界定标准浅见 [J]. 财会月刊，2010（9）：24-26.

[123] 张泽波. 基于企业生命周期理论的中小企业政策支持体系研究 [D]. 浙江大学，2010.

[124] 周春平. 苏南模式与温州模式的产权比较 [J]. 中国农村经济，2002（8）：16-19.

[125] 周显志. 中国中小企业持续发展的政府促进制度研究 [D]. 中山大学，2004.

[126] Abrahamson. E, Managerial Fads and Fashions: The Diffiision and Rejection of Innovations [J]. Academy of Management Review, 2007, 16 (3): 586-612.

[127] Adrian, Paul. Thinking beyond BASEL III: Necessary Solutions for Capital and liquidity [J] OECD Journal, 2010, 132-137.

[128] Allen N. Berger and Gregory F. Udell, A More Comple Conceptual Framework for SME Finance [C]. WorldBank Conference on Small and Medium Enterprises: Overcoming Growth Constraints, 2004 (10): 14-15.

[129] Allen. Frarklin and Gale. Douglas, Cornparing Financial Systems [M]. Cambridge. MAMIT Press, 1999.

[130] Ardic. O, Mylenko, N. and Saltane. V, Small and Medium Enterprises ACross-Countiy Analysis with a New Data Set [J]. World Bank Policy Re-

search Paper, 2012: 5538.

[131] Avery R B, Samolyk K. A. Bank consoHdation and small business lending: the role of community banks [J]. Journal of financial services research, 2004, 25 (2 -3): 291 -325.

[132] Bakker, M. R5Klapper, L, Udell, G. F. The role of factoring in commercial fmance: The Case of Eastern Europe [R]. 2004.

[133] Baumgartner. Frank. R Bryan D. Jones, Agenda dynamics and polic subsystems [J] Journal of politics, 2007 (7): 53 -4.

[134] Berger. A. N, Klapper L. G, Udell. G F, The Ability of Banks to Lend to Informationnl Opaque Small Businesses [J] Joiimal of Banking and Finance, 2001 (25).

[135] Beiger. A. N, Miller N. H, Petersen. M. A, Rajan. R. G, and Stein. J. C, Does function follow organizational form Evidence from the lending practices of large and small banks [J]. Journal of Financial economics, 2005, 76 (2): 237 -269.

[136] Berger. A. N, Relationship Lending and Lines of Credit in Small Finn Finance [J]. Jounmal of Business, 2013 (68) 351 -382.

[137] Berger. A. N, Udell. G. F, Small Business Oedit Availability aud Relationship Lending: The Importance of Bank Organizational Structure [J]. Economic Journal, 2002 (45).

[138] Berger. A. N, Miller. N. H, Petersen, MA, Rajan. R. G, Does Function FoLow Organizational Form Evidence From he Lending Practices of Large and Small Banks [M]. Board of Governors of Federal Reserve System, 2013.

[139] Berman. Sheri, The Social Democratic Momentideas and Politics in the Making of Intenvar Europe [M]. Cambridge, Massachusetts: Harvard University Press. 1988.

[140] Chung. S, and Chuang. J, The Effect of Financial Management Practices on Profitability of Small and Meduim Enterprise in Vietnam [M]. Miho University, 2011.

[141] Cole S, Duflo E, Banking Reform in India [C]. India, India Policy Forum, 2004: 1 -27.

[142] Tirole. J, the Theory of Corporate Finance [M]. Princeton University Press, 2006.

[143] W. Bolt D. Humphrey. Bajnk competition efficiency in Europe: A frontier approach [J] Journal of Banking Finance, August, 2010: 1808 - 1817.

[144] Wilcox. J. A, Y. Yasuda, Do Govemment Loan Guarantees Lower or Raise Bank's Non-Guaranteed Lending Evidence from Japanese Banks. Mimeo [R]. Hass School of Business. University of California, Berkley. 2008.

[145] Yu Zhang and Mihaela van der Schaar, Information Production and link Fonnation in Social Computing System [J]. IEEE Journal On Selected Areas hi Communications, 2012, Vol. 30, No. 11.